One Theme
クレイス叢書

認知心理学による学びの深化論

# 「深い学び」と教え方の科学

北尾倫彦・岡本真彦
北村瑞穂・森　兼隆

図書文化

# まえがき

「上手な勉強の仕方がわからない」。このように感じている子どもが増加し、七割を占めるという驚くべき調査結果が報告された（子どもの生活と学びに関する親子調査二〇二二）。

この結果を知って、心が痛む思いをした。授業研究では諸外国からも注目されてきたわが国の学校からは予想できない報告であり、覚めた目で「学び方」と「教え方」の結びつきを考え直す必要があると思った。

二〇二〇年に公にした『「深い学び」の科学』（図書文化）は、「主体的・対話的で深い学びとは何か」を説き明かすために書いた本であった。そこでは、「学び方」のなかでも「深い学び方」に焦点を当てて論じた。しかし、「深い学び方」を導く「教え方」を取り上げ、両者の関連性を十分に論じているとまではいえなかった。そこで、「深い学び方」と「教え方」を一体的に説明し、初めに述べたようなわが国の学校に対する疑念を説き明かしたいと考えた。これが、本書を刊行したおもな動機である。

前作の刊行からわずか四年しか経っていないが、この間に日本の学校教育の状況は大きく変化している。そして「教え方」をどう改めるか、とまどっておられる先生が多いと推察している。知識注入型から子ども主体へと、授業を変えるための理論的根拠が、具体的に捉えにくいと思われるからである。この本では、認知メカニズムを解説するだけでなく、授業の具体例をあげて、そのメカニズムによる学びを説いている。具体例としたものの中には、ひと昔前の授業もあり、「これならわかる」と多くの先生が自信を取り戻してくださると思う。

また、この四年間で、認知心理学の分野では、教育に関係する理論研究がいちだんと進んだ。そこで本書では、前回の本でも取り上げた「精緻化とメタ認知」だけでなく、「ワーキングメモリ論、制御理論、自己調整学習論」なども含めて、認知メカニズムを幅広く解説した。認知心理学の現役の若い研究者にも執筆してもらい、新しい理論的流れをくみとった、生き生きとした論調の本が出来上がったと思う。章ごとにまとまった、学び方に関する多様な説明があり、読み物としても面白い本になった。

さらに、この四年間の世界の変化はすさまじく、地球規模での気象変化なども報道されることが多くなった。これからを生きる子どもたちに、こうした激しい変化にも対処できる学力を身につけさせる必要性が高まっている。そこで「変化に対応できる力とは何か」という問題意識をもって、この本を読んでほしいと思う。生きる環境が急に変わっても忍耐強く自ら考える力（第1章）、他者と対話しながら課題を乗り越える力（第2章）、感情や意欲を自ら調整する力（第3章）が必要になると思われる。本書の初めには、これら三つを取り上げて論じ、読者が問題意識をもってそのあとを読み進めることができるように配慮した。

本書は、このような本である。役に立ちそうなアイデアを自ら読み取り、頭の中で入念に練り上げ、自分の考えをつくり上げてほしい。学校の先生方には、同じ悩みをもつ先生どうしの話し合いや討論でその考えを開陳し、学校の授業改革を進めていただきたいと切望する。また、将来教師になろうと思っている学生や院生にも読んでいただき、学びのメカニズムを知って教えることの魅力と重要性を感じ、くみとってほしいと思う。

ところで、この本の出版に際しては、図書文化社出版部の渡辺佐恵さんに構想の段階から多くの助言と励ましをいただいた。ここに記してお礼の言葉に代えたい。

二〇二四年五月一七日

**北尾　倫彦**

目次

# 1章

# 「思考」の練り上げが学びを深める

　社会変動の激しい時代。このことを視野に入れて子どもの学力を考えるとき、第一に「思考力」重視の学びを取り上げることが必要であろう。世の中が変われば、知識をもっていてもすぐに使えなくなり、未知の状況に照らして自ら考えだす必要がでてくると指摘する人が多い。もちろん知識を無視するということではなく、これからの時代には、知識の活用や構成も含めて、思考の働きが鍵を握ることが多くなるということである。

　そこで1章では、「学びの捉え方」そのものに注目し、「子どもの思考を活性化する授業の改善策」を検討することにした。一般論に終始するだけでは実践に結びつかないので、思考重視のキーポイントが明白な事例を取り上げ、読者の洞察によって多種多様な活用につながるように配慮した。小説教材の読解、数学的思考を指導するさまざまな工夫、さらには論述文執筆における概念化・抽象化の促進などの提言である。各事例における教師と子どものかかわりに注目して読み進めていただきたい。

# 1節　概念的葛藤が思考の引き金になる

日常生活で人は頭を抱えて迷う場合があるが、その多くは社会的関係などを含む感情的な要素が介入し、うまく言葉で説明できない迷いである。

思考の引き金となる当惑は、感情ではなく認知のレベルで生じるものであり、概念的葛藤と呼ばれている。授業ではそれぞれの教科内容の知識が教えられるが、子どもはそのまま覚えるのではなく、疑問や問題を抱きながら考えつづける必要がある。そのなかで概念的葛藤が生じ、概念的葛藤が思考の引き金となる経験になっている。

著者（北尾）は、授業研究の講座を中学校で数回にわたり担当したことがある。毎回優れた実践例の資料を配布して講義したが、最も反響が大きかったのは、当時お茶の水女子大学附属中学校教諭の宗我部義則氏による「人質」（シラー作）を用いた中学国語の授業であった。資料と筆者の記憶に基づいて、その授業の概要を紹介する。

第一時　学習のガイダンスと全文の通読。

第二時　感想を交流し、読みの視点や受けとめ方を広げる。

太宰治「走れメロス」の原典となったことを知り、「人質」を通読して、二つの作品の違いについて自分の気づきをまとめる。

第三時　気づいた異同を「走れメロス」の展開にそって整理する。
「走れメロス」と「人質」との違いから問いを引きだす。

第四時　表現の意図や効果について各自の考えをまとめる。
登場人物の言動をみて、表現の意図や効果について自分の考えをまとめる。
第五時　表現の意図や効果について各自の考えをグループで交流する。
第五時　取り上げた表現や内容をもとに「走れメロスのヒミツ」レポートをまとめる。
学習を通して気づいたことを振り返る。

第五時でまとめたレポートにおいて、大多数の生徒はメロスが走りつづけたのは友情によるものであると論じていた。ところが一人の女生徒のレポートには、友情だけではなくより重要な理由があったのではと考えつづけたことが綿々と綴られていた。太宰治の作品には「大いなるもの」という言葉がでてくるからである。「人としてあるべき生き方」ではないかと自問自答して主人公は走りつづけたのではないか、とこの女生徒は問うていた。この問いは概念的葛藤によって引きだされた思考であるといえる。

## 2節　表象の組み合わせによる数学の初歩的理解

認知心理学者であるブルーナーが数学者の協力を得て実施した実験授業を取り上げてみよう。広岡（一九七七）によれば、小学校三年（八歳）の四人が各自の自主学習として課題に取り組む様子を、四人の助手が個別に指導・観察して進めている。週に四回、一時間ごとの授業が、六週間にわたって実施された。

そのなかで長方形と正方形の積み木を組み替え、表面の面積を求める課題によって二次関数の初歩的理解が次のように導かれていた。

第一段階　長方形と正方形の積み木を図1（14ページ）のように並べてみせ、それぞれの縦と横の長さを文字と数字で表すことを学ばせた。$x$については「ものさしがないから、$x$というイキな名で呼ぼうね」と約束した。そして大きい長方形の縦が$x+4$、横が$x$になり、小さい正方形は縦、横ともに2になることを教えた。その理解を確認してから、積み木の表面の長方形と正方形の面積を求める式を書くように求めた。縦と横のかけ算という知識は既習していたので、長方形は$x \times (x+4)$、正方形は$2 \times 2$と表示し、両方ともあわせた面積は図の下に示した$x(x+4)+4$と表すことを教えた。

第二段階　図1の配置を変え、図2のように積み木を並べてみせた。一つの大きな正方形になるが、表面の正方形の面積は、第一段階で学んだように$(x+2) \times (x+2)$となることを確認している。その式を変形して図2（14ページ）の下欄のようになることを教えた（式の変形は指導者が教えた）。

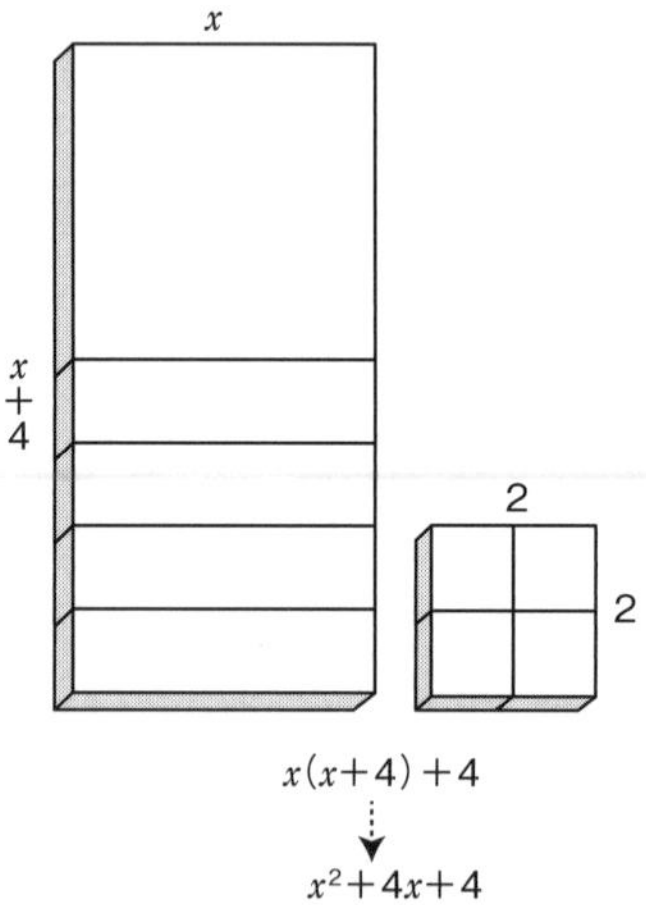


図1　初めの積み木の配置（北尾，2020）

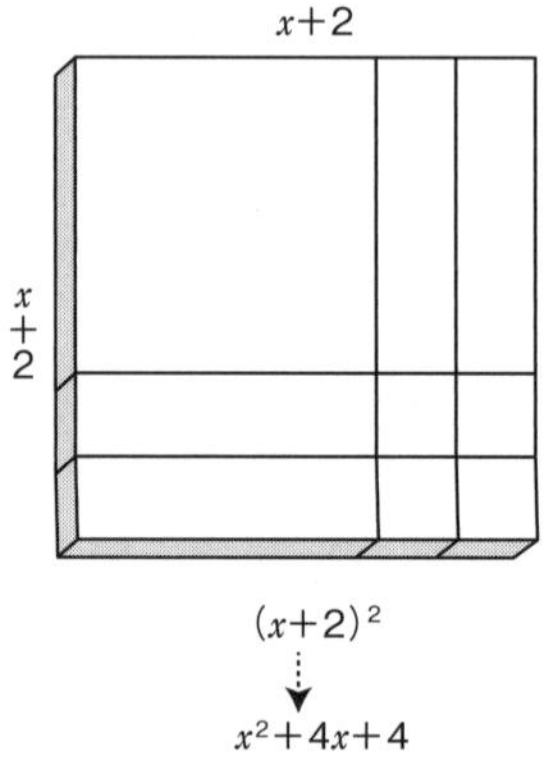


図2　並べかえたあとの積み木の配置（北尾，2020）

以上のような段階を踏む学びを続けることによって、子どもたちの頭の中ではどのような変化が生じたのであろうか。

外界から感覚器官を通して頭の中へインプットされた情報を、心理学では「表象」という言葉で説明している。表象には映像的表象（イメージ的表象）、動作的表象（身体的表象）、象徴的表象（言語的表象）の三種類が想定されている。このような表象論から子どもたちの頭の中の動きを説明すると次のようになる。

図1と図2を見比べて、並べ方が違うだけで表面の面積が同じであることは、目で見たイメージ（映像的表象）と等積変換の操作（動作的表象）によって明らかになる。そのうえに数式で面積を表してもまったく同じ式になったこと（象徴的表象）から、面積が等しいことが確認されたのである。

前作（北尾、二〇二〇）では、この実験授業の結果を「表象の二重構造化」と呼んで紹介したが、今回は子どもが手を使って並べたという点を重視し、動作的表象を加えて「表象の組み合わせ」と呼んで説明することにした。このように多様な表象を利用すると、子どもが抽象的な数学的考えを理解できることがある。それは初歩的理解の段階ではあるが、のちに数式で学ぶ数学の素地となるものであり、思考力育成の第一歩である。

## 3節　数学的思考の段階的発展が学びを深める

住田・森（二〇一九）には、シーグラー（一九八六）のルール評価アプローチが紹介されている。段階的に高次のルールを使って問題を解くようになる学びのプロセスに着目した理論である。例えば、天秤問題を解くには左右の重りの数と支点からの距離を関係づけるルールを学ぶ必要がある。このような関係づけを数学では「包摂」と呼んでいる。二変数の包摂問題では、次の三つの段階を踏んで学びが高次の段階へ進むと説明される。


第一段階（ルールⅠ）　優位次元（例えば重りの数）だけで判断する。

第二段階（ルールⅡ）　優位次元が等しいときは、下位次元（例えば距離）で判断する。

第三段階（ルールⅢ）　優位次元も下位次元も考慮するが、葛藤が起こり、それを解決する一貫した公式をもたない。

第四段階（ルールⅣ）　葛藤を解消する適切な公式を用いて判断する。


このように数学的思考のなかの一つのルールに着目し、その萌芽の段階から順次質的向上を進めて学ばせる方式が採用されると、速い遅いの違いがあってもすべての子どもに数学的な考え方を修得させることができる。また宇野（一九九〇）では、小学校算数の図形の面積を求める公式の学びにおいて、次のような段階を踏む指導法を採用している。前作（北尾、二〇二〇）では、この授業実践を「想像・推論を重ねる」という精緻化論として説明したが、ここでは数学的思考の段階論としてさらに詳しく分析する。

第一段階　単位面積の何倍かを調べると、どの図形の面積も求めることができるという「核となる考え」をもたせる。

第二段階　正方形と長方形は第一段階の考え方で面積が求められるが、三角形、平行四辺形は等積変形（面積は同じで形を変える）という考え方をもって面積を求める必要性を学ぶ。

第三段階　円の面積も「核となる考え」と「等積変形」の考え方を組み合わせると求められることに気づく。そこでは図3（18ページ）のように補助教材を黒板に貼りつけて子どもたちの理解を促す。

第四段階　図3の角数がもっとも多い正多角形を中心から放射線状に切り離し、細長い三角形を半数ずつ上下逆にして組み合わせると、できあがった平行四辺形（図4）の底辺と高さが元の正多角形が内接する円の半円周と半径に相当することに気づかせる。ここでは「近似解」とか「収斂《しゅうれん》」という数学的思考の

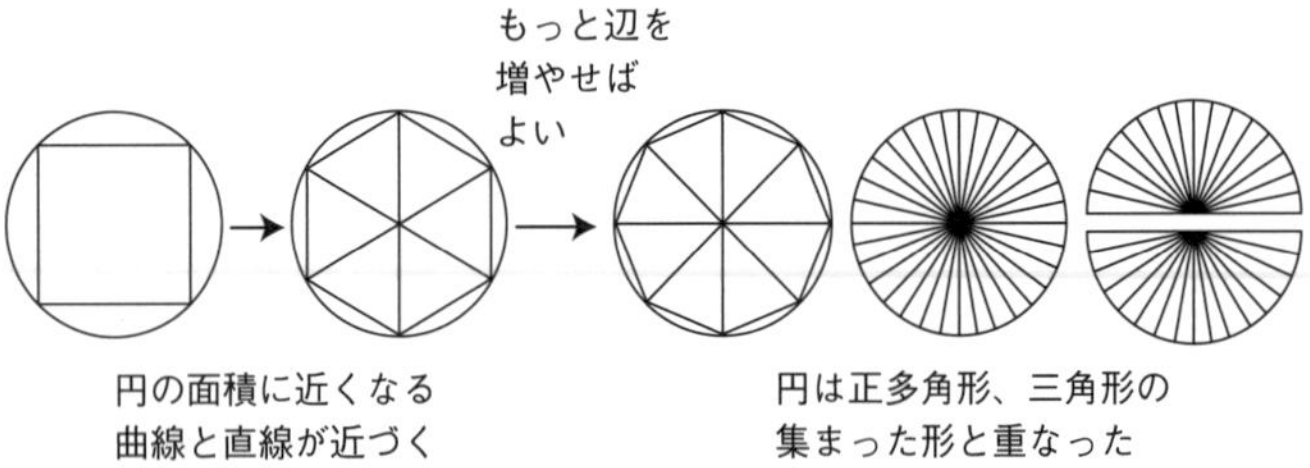


**図3　円に内接する正多角形の辺の数を増やす（宇野，1990）**

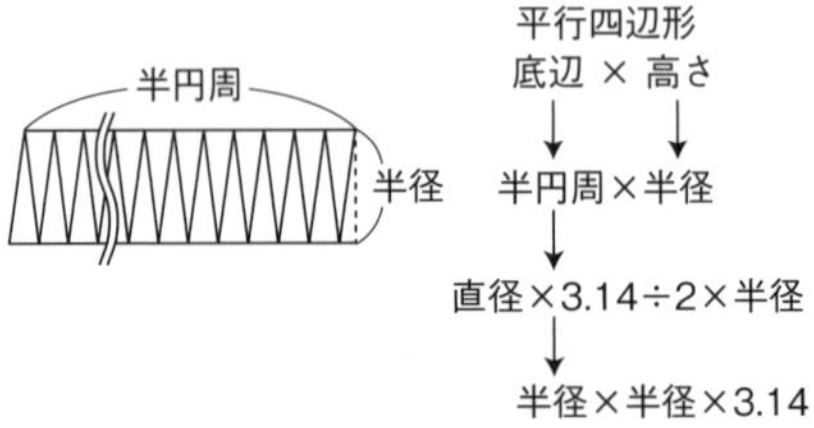


**図4　正多角形から切り離した三角形でつくった平行四辺形と円の面積の公式（宇野，1990より改訂）**

ルールがその下敷きになっている。

このように、数学における多様なルール、すなわち「核となる考え」「等積変換」という方法知、「近似解」とか「収斂」という考え方を、段階を踏んで学ばせている。シーグラーの場合は数学的概念の理解度を評価する実践的必要性から編みだされ、宇野氏の場合は子どもの自力解決力を高めるという実践的目標から工夫された理論的提案である。実践と理論の統合が果たして期待どおりに進むかどうかが問われるであろう。

そこで、宇野氏による段階論が授業を通して実践されている様子を紹介したい。小学校五年の円の面積の授業で、みごとな実践と理論の統合を確認することができた。一校時の授業を導入段階と展開段階に分けて捉え、その統合の様子を説明しよう。

導入段階では、教師の「さあ始めよう」というひとことで、子どもたちは円形の画用紙に一平方センチメートルの正方形の紙片を何枚も敷き詰めて枚数を数え始めた。そして各自の枚数を黒板に書き、それを見比べて、「ダメだ」と小声を発しながら頭を抱えていた。

その様子を見届けてから、教師は図3の補助教材を黒板に一枚ずつ貼りつけた。見つめていた子どもたちは「わかった！」と叫び、教室は騒然となった。なかには「すき間ができるからダメだ」と反論する子もいたが、教師はニコニコ顔でうなずいていた。

この導入の授業では、「単位面積の何倍か」という核となる考え方と「面積は同じで形を変える」という等積変形の考え方が子どもたちの頭にあり、課題解決の第一歩を踏みだしている。これは前の授業の復習であるが、円の面積の公式という難題へ向かうと教師は補助教材を作成して助けていた。そして、前述のような発言を導きだしたのである。

展開段階に入ると、教師は子どもたちの多様な発言を静めるために、自信に満ちた声で「やってみよう」と一人一人に語りかけた。そして図3の最も辺の数の多い正多角形を中心から切り離して平行四辺形に変える作業を続けた。それを注視していた子どもは図4に記したような数式をノートに書き、「できた！」と大きな声で叫んでいた。

このような授業展開のなかで教師は「すき間があっても、どんどん角数が増えると限りなく円に近づく」という言葉を使ったが、「近似解」「収斂」という言葉は使っていない。しかし子どもの頭の中にこうした数学的な考え方がしっかり入ったと思われる。「学びを深める」とは、このような教え方による学びなのかと合点できるであろう。

## 4節　論文を書くことによって思考を練り上げる

清水（一九五九）には、自らの経験から編みだされた論文の書き方が紹介されている。それを通読して、これだけはすすめたいと思う四つの点を選んで、わかりやすく紹介しよう。

## (1) 短文で修行を始めよう

書物の批評文や読後感想文のように、書物という相手と対峙して短文から書くことを始めたほうがよい。なぜならば、一冊の書物を読み理解するという思考活動の余熱が残っている知的興奮状態であるから、日頃書き慣れていなくても表現したくなる。また原稿用紙一〇枚程度であれば、自分の考えをまとめることも苦痛ではなかろう。

限られた枚数に自分の考えた世界を創造するという構えで書き始めると、書けるかどうかではなく、つくり上げる喜びから執筆したくなるのである。

## (2) 観念を短い言葉で表現する工夫を重ねる

「表現は観念の爆発である」といわれることもあるが、爆発的に表現してはならない。観念の表現には十分に工夫する時間が必要である。自分ではよくわかったつもりの観念であっても、有名な引用句を利用したり、身近な出来事を例に説明したりすることによって、読み手に受け入れやすくする必要がある。また一つの語句を何回も繰り返すのではなく、単調さを避けるために言い方を変えることも心がけたい。

## (3) 経験の言葉から抽象の言葉へ変える

自分の経験をダラダラ記述した文章では論文とはいえない。また抽象的な言葉ばかりを続けて書くとわかりにくい。これら二つの危険性を避けるには、頭に思い浮かんだ言葉から重要なものを選定する必要がある。その大切な言葉だけを抽象的な用語に変えて自分の考えを文章化するのである。その際、抽象語がいくつも続かないようにしてほしい。また抽象語が難解であると思えば具体語で言いかえるなどの配慮をすべきである。

## (4) 経験知と概念知の「往復活動」を重ねる

経験によって身につけた知識(経験知)と抽象化してできあがった知識(概念知)の間を往復する頭の働きが大切なのである。これを清水氏は「往復活動」と呼んでいる。現実の社会をそのまま描写した文章では思考力を練り上げることはできない。また抽象的な叙述だけでは空理空論になり、社会的にインパクトのある考え方が身につかない。現実と抽象を頭の中で練り上げるためには、この「往復活動」が必要なのである。

小論文や調査資料のまとめなどで書く論文を、前述した四点から見直してほしい。また家庭学習や自由研究では、有名な文学作品を読み、書評を書くこともすすめたい。話し言葉と違って、書き言葉では文章を推敲しながら頭の中が整理されることが多い。それによって論の展開や自分の主張を改めて冷静に見直すことができる。

しかし筆者は自分の論文をあとから読んで満足できることは少ないのである。最近でも教育月刊誌に短い論稿を連載したが、正直に話すと悪戦苦闘の連続であった。右に述べた四つの提言のなかでも、経験知と概念知の往復活動が十分にできていないため、理論だけがひとり歩きをしており、教育実践の経験知を生かすことが十分にできていなかったのである。

経験知と概念知の往復活動を充実させるには、自分の経験だけに固執せず、他者の経験知や世間一般の状況知と自分独自の理論を往復することである。というのは論文や書物の読者は多種多様な経験のもち主であり、多様な幅広い経験知との往復によって概念知は受け入れられやすい知恵となるのである。

**引用文献**


・広岡亮蔵『ブルーナー研究』明治図書　一九七七年
・北尾倫彦『「深い学び」の科学』図書文化　二〇二〇年
・住田裕子、森敏昭「算数の協同的問題解決場面において児童の深い概念理解を促す効果的な相互作用プロセスの検討」『教育心理学研究』六七巻　二〇一九年
・Siegler. R.S. *Children's Thinking*. Englewood Cliffs, NT: Prentice-Hall. 1986（無藤隆・日笠摩子（訳）『子どもの思考』誠信書房　一九九二年）
・宇野幸子「子どもが主体的に学ぶ算数学習の指導」北尾倫彦（編）『自己教育力育成の実践事例集』図書文化　一九九〇年
・清水幾太郎『論文の書き方』岩波書店　一九五九年

# 2章

# 学びを深める「対話」の役割を考える

社会変動の激しい時代には「思考力」とともに「対話力」が求められる。考えたことを自分の言葉で語り、相手の意見と調整・統合することが求められる場が、今後はいっそう増えると予想されるからである。

同様に、学校の学びにおいても「対話」の機会が増える傾向にある。子ども主体の学びが重視され、発表・討論だけでなく協働的学習が計画されることが多くなったからである。

ところが、このような「対話」がたんなる話し合い程度に受けとめられ、「対話」の本質的特徴が、学びに生かされない恐れも生じている。対話は、会話とは異なるものである。個人の内面を、興味・関心や考え方・意見というかたちで表現し合い、その交流から問題解決や創造を導くという重要な働きをするのが対話なのである。

そこで2章では、学校の学びの場を想定し、そのような対話を導くキーポイントを四つの節に分けて述べることにした。読者には、実践者や研究者のアイデアをよく理解し、対話を生かした授業のあり方を考えてほしい。

# 1節　相手の話への興味・関心が対話の源である

対話のなかで自分が知らないことを聞いたり、心が揺さぶられたりすることがあるが、だれもがそのことを意識して学びや仕事を行っているわけではない。しかし永い人生を振り返ると、その重要性に気づくことがしばしばである。俳優の橋爪功氏が新聞の文化欄で語っておられた記事（朝日新聞、二〇二三年六月二二日）を引用してみよう。

「中学で早熟な天才がいて生意気な文学に毒されはじめ、戯曲を読むのが意外に面白いなあと思った。小説より戯曲のほうが、言っている人と次に言う人の間に何もないから、こっちの想像を働かせる余地がいくらでもあるわけじゃないですか。だからいまだにね、対談読むのが好きなんですよ」

読書体験での興味が出発点となり、それに忠実に突き動かされて演劇の道で努力を重ね、成功されたことがつづられていた。若い頃のふとした興味を大事にして育ててこられた対話力に注目しなければならない。他者の話に興味をもち、想像を働かせて考えることを続けられたので橋爪功という名俳優が育ったのである。本来、対話とはこのような素朴な心理体験から生まれ、目に見えない影響力をもつものかもしれない。

理論物理学者の湯川秀樹氏がほかの学問分野の学者と対話した記録（湯川、一九七〇）

も また興味深い。動物生態学者の宮地伝三郎氏との初回の対談では「サルが丸いものと三角のものを区別し、三角を少々くずしても、それを三角として対応する能力は多少はある」という宮地氏の発言から対話が始まった。

これを受けて湯川氏は、「私もそうじゃないかと思うが、人間ではあるときはくずれていても三角と判断するが、ほかの正確さが求められるときには別のものと判断する。しかしサルにはそのような判断はできない」と話された。

五回目の対談では心理学者の園原太郎氏との対話が紹介されている。その冒頭に湯川氏は「私の知りたいところは、何か直感的というか、いっぺんにそうだと思うのと、何か数えるとか推理するとかいうこととのかねあいがあると思うのです。いろいろ実験なさってわかってきたことがありますか」と問いかけられたのである。

これを受けて園原氏は、「丸いものがあれば、それをいきなり手をだしてつかむ。自分の動作を軸において握りやすいものとしての円形を乳児は捉えています。それは動作のシステムといいますか、外の状況に動作自体を対応させる媒介となる表象でしょう」と答え、湯川氏も「なるほどね」と受けられた。

湯川氏は初めの対談ではサルの話を聞き、興味を示しながらも「人間ではどうなのか」と自問自答しておられる。そして五回目の対談までの長い期間それを覚えておき、「人間の子どもではどうか」と自ら問いかけておられる。そしてその問いのなかで、「直感と推理のかねあい」という深い思索の経緯をズバリと提起されているのである。

橋爪氏の場合と湯川氏の場合を比べると、内容面での違いを超えて重要な共通点を読み取ることができる。その第一点は相手の話に深い興味・関心をもち、心が揺さぶられておられることである。これが発端となり第二点として、相手の内面を想像・類推しながら、より一般化した知恵を学びとろうとしていることである。そして、この洞察力の鋭さが自らの演技や研究の発展につながったのではないかと思われる。

短くまとめると、比較・類推・統合という認知が、興味・関心という情意に支えられて成立するプロセスが対話であるといえよう。

## 2節　科学的興味と対話が理解を促す

DNA研究者の胡桃坂仁志氏が新聞の文化・教育欄で語っておられた記事（朝日新聞、二〇二三年六月二二日）には次のような内容が紹介されていた。

「大学院に進学したのも音楽を続けるためだった。そこで後輩が読んでいた教科書で『DNA』と出会う。たんぱく質をつくる暗号で、生命の情報がすべて書き込まれているという。『すごいな』と驚くと後輩にあきれられた。何も知らなかったので、すべてが新しくて感激。小説を楽しむように教科書が読めた。DNAの働きが不思議でしかたなく、研究のテーマにすると決めた。だが、指導教授の分野でなく、独学で取り組んだ。実験もまったくうまくいかず、数年間もがき苦しんだ。大学を移り、DNAの専門家の指導を受けた。独学で数年かかってもできなかった実験が、教えてもらうと一日でできた。半年後には最初の論文を投稿し、研究が楽しくてしかたなくなった。だれでも思いつくが、つまらないからだれもやらないことをやると、思った以上の花が咲く。『こうなるだろう』とか『やるまでもない、時間の無駄』と先入観をもたずに進めると新たな発見がある。昨年出版された『細胞の分子生物学』（英語版）に、（私の）成果が三つ引用された。大学院時代にDNAに出会った教科書の第7版だった。感激した。世界的に認められた証しだ」という記事である。

このなかには科学的興味が誘導されるプロセスがみごとに記述されており、参考にしてほしいと思う。ポイントは次の四つである。第一はふとした出会いで興味をもった対象を見捨てることなく、生真面目に取り組むこと。第二は失敗を恐れず、根気よく困難を乗り越えること。第三は先導的指導者を求めること。第四は先入観や要領にとらわれず、誰もが避けることに挑戦することである。

ところで科学的興味に着眼した指導法として、理科教育では子どもが日常経験する現象に関連づけて、関心・興味を引きだすことが重視されている。田中（二〇二二）はその考え方に基づき、中学二年生を対象にして、理科の「運動の規則性」の単元での問題解決を

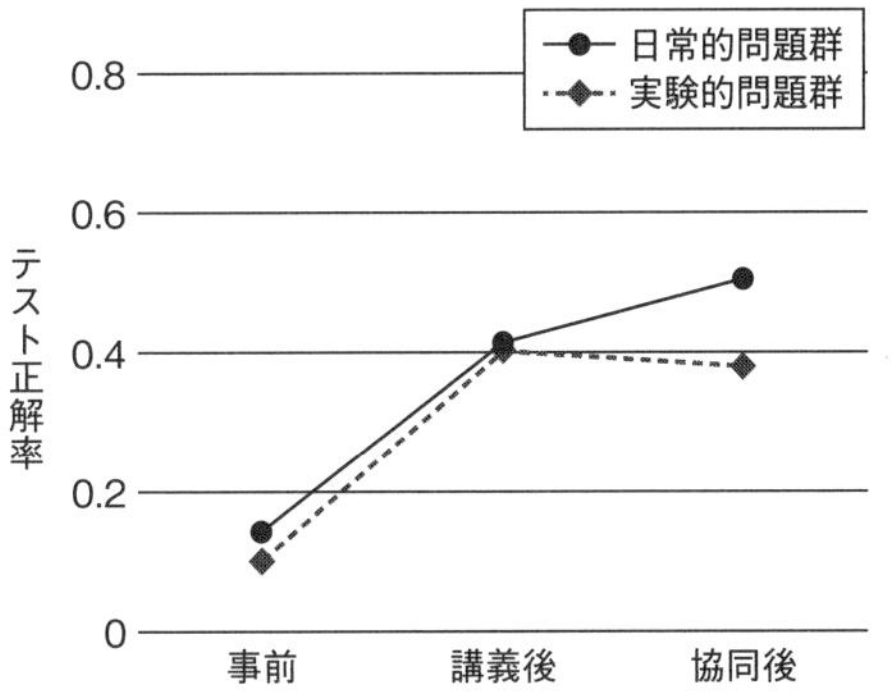


**図1　各群におけるテスト正解率の推移（田中，2022）**

次のように指導し、科学的興味による概念理解の促進を実験的に検討している。

研究では生徒を二つのグループに分け、日常生活に関連した問題で学ぶグループと、実験室で作られた問題で学ぶグループが構成された。指導は、①事前状況の把握、②講義と問題解決、③協働学習（対話）と問題解決の順に進められた。最後の協働学習では、小グループ単位で互いに対話しながら応用問題を解決した。解けないときにはほかのメンバーからヒントを受けたり、互いに批判し合うなどの対話が自発的に行われた。

これら三つの段階での問題解決の正解率をグループごとに示すと図1のとおりであった。

図から明らかなように、①事前と②講義後では二つのグループ間に正解率の差はないが、③協働学習後では、日常的問題で学んだグループのほうが実験室的問題で学んだグループより正解率が高かった。

なぜこのような違いが生じたのであろうか。その鍵は協働学習の仕方にある。日常的問題で学んだグループの対話には科学的概念を生活経験との関連で論じ合ったケースが多かったが、実験室的問題のグループでは少なかった。日常的問題への興味・関心が対話によって増幅されたことが明らかにされたのである。このことは、学びにおける対話の役割を考えるための重要な情報である。

これまで学校では講義や説明のなかで理論的概念を知識として教えるが、その概念知が日常的問題などの経験知と結びつくことは少なかった。田中らは日常的問題を使って講義するだけでなく、講義のあとで生徒に対話する場を与えることで結びつきが強くなり、講義のなかの理論的概念を自分の言語活動に深く浸透させることができたのである。

中学生が対話を重ねながら「運動の規則性」を学んだのも、胡桃坂氏が失敗を重ねながらＤＮＡ研究に没頭されたのと同じ心的プロセスを経験していたといえる。いずれも悩み苦しみながらも知的好奇心を強めているのであり、対話はその促進役を果たしていたのである。

# 3節　対話成立の鍵は調整と共同注意である

学級には上手に対話できる子どもと苦手な子どもがいると思われるが、そのような個人差がどのような原因によって生じるのか検討してみる必要がある。

住田・森（二〇一九）は小学校四、五年生を対象にして、ペア学習での対話を詳細に分析している。1章3節で説明した数学における二変数の包摂問題を取り上げ、「要した時間」と「進んだ距離」の二変数から「速さ」を判断する問題を対話しながら解かせた。

さらにペア学習での一人一人の発言を録音・記録して分析し、三つの特徴のある型に分類した。①自己主張型（自分の意見や解決法が多いタイプ）、②他者視点言及型（相手の主張の繰り返しや付け加えが多いタイプ）、③調整型（両者の主張に新たな観点を加えて調整するタイプ）である。

だれがみても調整型が対話成立にとって望ましいタイプと思われるが、そのとおりであることが実証されている。そして、自己主張型と他者視点言及型は対話が成立しにくく、対話の仕方を修正する必要があった。

住田らはその修正法の一つとして「共同注意」に注目し、対話の苦手な子どもの支援策を検討している。

対話が長く続いていると、話す側と聞く側が交代する節目が生じる。その節目ごとの話の内容を調べ、記録をもとにして二人が同じ問題点や考え方に注意を向けていたかどうかを明らかにした。

その結果、調整型と判定された子どもは、対話している二人が同じ問題点や考え方に注意を向けていたことが判明した。それに比べて自己主張型や他者視点言及型ではそのような共同注意が成立しにくい状況であった。

またペア学習での問題と同型（二変数包摂問題）のテストを事前と事後に実施し、ペア学習による対話の効果を調べた。事前から事後にかけて向上した得点を比べると、調整型の子どもたちの得点が著しく向上していた。

このような実験結果を総合すると、対話を学びの場に取り入れる際には子どもの対話調整力を事前に確かめ、その力の弱い子どもには二人が同じ話題に注意・関心を向けるように助言する必要があることがわかる。具体例によってどのように注意するのかを教えると、スムーズに対話を進めることができるようになるであろう。

## 4節　厳しい自己内対話が学びを深める

「対話」といえば、「他者と向かい合って話すこと」であるとだれもが考えるであろう。

しかし学びのプロセスに目を向けると、それだけでなく自分自身との対話（自己内対話）やテキストや参考書の著者との対話も重要な役割を果たしていることにも気づく。また「話す」だけでなく、「書く」というかたちも学びを通した対話として目を向ける必要がある。

河野（二〇一九）は、国語科での説明文を書くことの指導において右に述べたような対話を導き、その成果を報告している。小学校三年国語教材「くらしの絵文字」（太田幸夫著）の授業で対話の果たす役割を検討したのである。

この教材の著者が書いた絵文字に関する説明文は、「はじめ」「中」「おわり」の三段階で書かれていた。「はじめ」にはたくさんの絵文字が使われているのはなぜかという問いかけ、「中」にはそれに答えるかたちで絵文字のよさの三つの面、「おわり」ではまとめが書かれていた。このような論理展開のある著者の説明文を読ませたあと、子どもたちが自分の経験や知識を想起しながら、自分独自の説明文を書くように求めた。書くときには批判や感想もまじえて自由に書かせている。その中から、ここでは、S子という女児が対話経験を積み重ね、自らの説明文の修正を続けながら完成させた経緯を紹介する。

最初にS子が書いた説明文は、家の外で見かけた絵文字をさきに取り上げ、あとで家の中にある絵文字を説明していた。これは著者の意図を踏襲した順序であり、絵文字が世間の広い分野で暮らしに役立っていることを印象づけようと考えたからである。

そのあとでクラスの友達との対話を重ねるにつれて、S子は最初の説明の順序に疑問をもつようになった。友達は家の中の絵文字をさきに取り上げ、そのあとで家の外の絵文字に言及していたのである。そのほうが絵文字の大切さを身近に感じさせるのではないかと思うようになったからである。これが他者との対話による学びのひとコマである。

さらに、ほかの友達からの発言によってS子はより深い疑問を抱くようになった。その友達は放射能注意の絵文字をみんなに見せ、これが何の絵文字かと問いかけた。子どもたちは「扇風機かな」「羽根かな」とさまざまな答えを返した。それを受けてその絵文字を見せた友達は「これは放射能注意の絵文字で、みんなの答えのように間違うと危険！」と訴えたのである。

その瞬間に、S子の頭の中では葛藤が生じ、便利だと思い込んでいた絵文字も取り間違えば命の危険性を引き起こすという事実に直面し、自分で自分を厳しく批判した。これは自己内対話による学びのひとコマである。このような自己内対話は自意識を変えるほどの力をもっていることがわかる。S子は一面的な捉え方をしていた自分の浅はかさを恥じ、多面的に考えることの重要性に気づいたのである。

絵文字の解説文を書くという学びのなかで、S子が体験した対話は文章表現だけでなく、社会認識や自己理解を深める働きをしていたといえる。知識や技法の習得にとどまらず、ものの考え方や自分の内面理解を深めている。このような学びの深化は今後の教育においてこれまで以上に重視されるであろう。

**引用文献**

・橋爪功「行間にわくわく、戯曲の面白さ」朝日新聞（二〇二三年六月二二日）
・湯川秀樹（編）『学問の世界　対談集』岩波書店　一九七〇年
・胡桃坂仁志「『つまらない道』の先におおきな花」朝日新聞（二〇二三年六月二二日）
・田中瑛津子「理科授業における日常場面の問題の提示・協同的解決が理解と興味に与える影響」『教育心理学研究』七〇巻　二〇二二年
・住田裕子・森敏昭「算数の協同的問題解決場面において児童の深い概念理解を促す効果的な相互作用プロセスの検討」『教育心理学研究』六七巻　二〇一九年
・河野順子「『批判読みとその交流』における『書くこと』の指導」『指導と評価』二〇一九年四月号

# 3章 「感情と意欲の自己調整」が学びを深める

社会的な変化が激しい時代には、私たちの感情的な動揺も激しくなる。これまでの価値観が通用しなくなったり、これから起こる変化に不安を感じたりするからである。そのなかでは、ネガティブな感情に悩まされる機会も増えるであろう。

学びのプロセスは認知過程として考えられやすいが、感情や意欲が深く学びにかかわっていることを忘れてはならない。感情のなかでも、ネガティブな感情は認知活動を妨害することが多い。無力感などはその一つであり、その妨害を避けるための策が求められるであろう。意欲についてもさまざまな質的特徴があり、表面的な現れだけで判断するのではなく、鋭い洞察によって意欲の質を見きわめる必要がある。

3章では、ネガティブ感情に関する二つの実験的研究を紹介し、そのコントロールの仕方を論じる。また意欲を、学習課題に深く関与する意欲と、将来展望による自己実現の意欲に分け、それぞれの質に注目した育て方を説明する。

# 1節　自己制御によって無力感から脱却する

学習性無力感という感情は、失敗経験を積み重ねることによって、自分は無能であると思い込み、精神的にもダメージを受けるネガティブな感情である。このような感情を抱く子どもに対して、どのように支援すればよいか悩む教師は多いであろう。

外山ら（二〇一八）は、失敗経験を人工的な方法で導き、報酬の与え方を二通り設けることによって学習性無力感からの立ち直りがどのように違うかを実験的に検討している。

その二通りの与え方は、ヒギンズ（一九九七）の制御焦点理論における促進焦点と防止焦点の二つに対応させたものであった。この制御焦点理論では人が目標に向かって行動する場合に、理想や望みを実現することを目標とし、報酬の獲得によって動機づけられる場合を促進焦点とみなしている。他方、安全や責任を果たすことを目標とし、損失の不在に関心がある場合を防止焦点とみなしている。

実験では、大学生に1□5□7□4＝8のような等式の□の中に、演算子（＋、－、×、÷）を入れて等式が成り立つようにする課題を与えた。そして、等号の左右が等しくなるようにできる解決可能問題と、どうしても等しくできない解決不可能問題が用意された。実験は、第一課題（解決可能問題のみ一〇題）、第二課題（解決可能問題一〇題と解

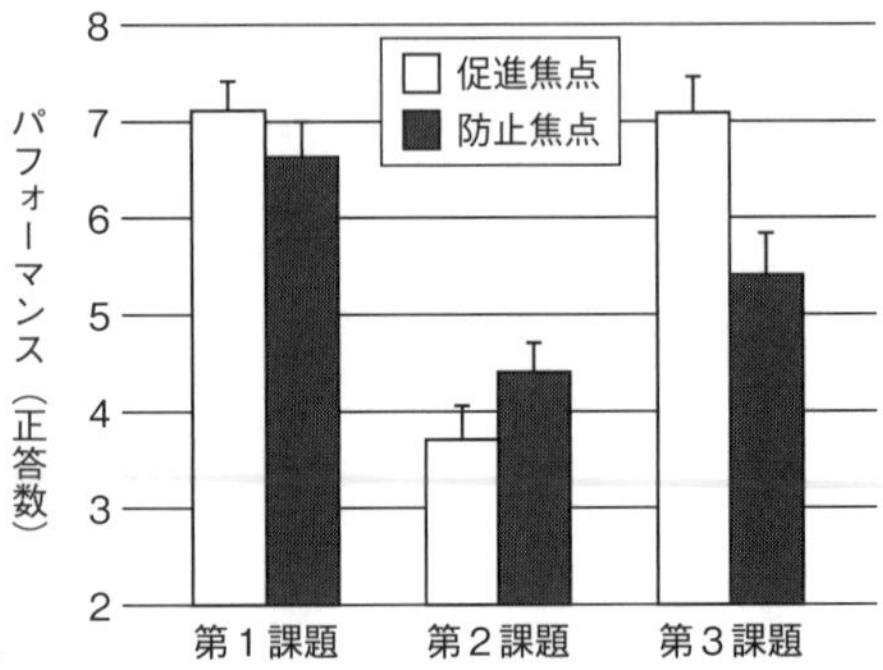


**図1　制御焦点とパフォーマンスの関連（外山ら，2018）**

決不可能問題一〇題が混在）、第三課題（解決可能問題のみ一〇題）の順に進められた。

そして、実験参加者には個別に教示し、促進焦点グループ（二八人）には、「成績がこれまでに収集したデータの上位三〇％であれば、報酬として五〇〇円のクオカード一枚を受けとることができる」と告げた。他方、防止焦点グループ（二九人）には、実験に参加した謝礼として五〇〇円のクオカード一枚渡したうえで、「下位七〇％になることを回避できれば、クオカードを返却する必要がない」と告げた。

解決可能問題の正答数を課題別に示すと、図1のとおりであった。図から明らかになるように、学習性無力感を経験したあとで新しい課題に挑戦している場合（第三課題）では、促進焦点グループのほうが成績が優れている。一方、可能な課題と不可能な課題が混在し、慎重な対応が必要な場合（第二課題）では、防止焦点グループの成績のほうが優れる傾向が認められる。

このような現実的文脈の違いによる影響を考慮し、「教育的な介入では、例えば創造的な発想が求められる場面では、あらかじめ促進焦点を活性化させておくとよいパフォーマンスにつながり、正確さが求められる課題を行う際には、防止焦点を活性化させておくとよいパフォーマンスを発揮することができるだろう」と外山ら（二〇一八）は考察している。

時間的な展開から考えると、右の実験の第二課題のように無力感による混乱が続いているときは、受身的姿勢で失敗を避けることだけを考えているほうがよいといえよう。そして失敗から時間が経つと、新たに挑戦してみようという積極性を引きだすのが無力感からの脱却に有効なのではないだろうか。

## 2節 自己客観視によって絶望感から脱却する

学びを続けていると、飽きや疲労感による絶望によって投げだしたくなることがある。何とか自力で乗り越えたいと思っても絶望状態が続き、明るい見通しがもてなくなることが多い。

このような状態から脱却するには、自分をもう一人の自分が客観的に見つめ直してみるのが有効であるという制御理論（セルフディスタンシング論）が提唱されている。これは「自己を観察する際に、観察する立場の自己と、観察される対象である自己との心理的距離を遠ざけるプロセス」（アイデュクら、二〇一〇）であると考えられている。

そして観察する自己と観察される自己の距離を大きくするには、自己に対して語る際に観察の対象となる自己を非一人称（あなた、君、自分の名前）で語りかけるほうが、一人称（私、僕）で語りかけるよりも自己の客観視が促されるといわれている。

このような説を検証するために、清水ら（二〇二一）はスポーツ分野の研究で用いられるハンドグリップ課題（ハンドグリップを握って、下端に挟まれた紙片をできるだけ長く握りつづける課題）を用い、その握りつづける時間を測定した。実験に参加した大学生は、1節で紹介した研究と同じ手法によって、促進焦点条件と防止焦点条件のグループに分けられていた。どちらのグループにおいてもセルフトークを一人称で行う場合と非一人称で行う場合があり、合計四条件でハンドグリップを握りつづける時間を比較している。その結果は図2のとおりであった。

図2から明らかなように、促進焦点グループでは非一人称で語りかけるほうが握りつづける時間が長くなり、防止焦点グループではそのような差は認められなかった。その原因について、促進焦点グループでは報酬を得るために挑戦したいという気持ちが高まっており、自己客観視が強調されると、より忍耐強くハンドグリップを握りつづけなければな

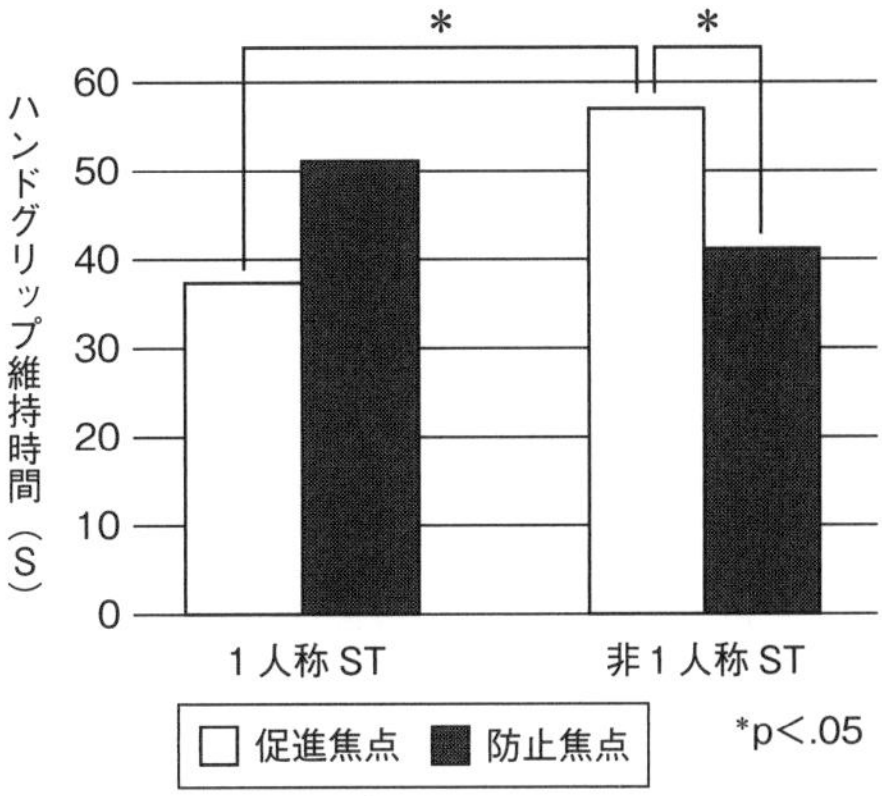


**図2 ハンドグリップ維持時間（清水ら，2021）**

らないと考えるようになったことが原因といえる。「君なら大丈夫」と励まされると、スポーツ競技などでは緊張や不安が低下して自分の能力を発揮しやすくなることがある。それと同じように、挑戦してみようかと考え始めた促進焦点グループでは、自己客観視が促されると絶望感からの脱却が可能になったのであろう。

広中（一九八二）には、数学の特異点解消に向けて長年続けられた研究の足跡が丹念につづられている。解決のめどがたたず悶々とする日々を送っておられたときに、「スリーブ・ウィズ・プロブレム」という言葉を思い出し、再度この問題の解決へ挑戦することを試みたと回想している。

「この言葉は、むずかしい問題を解決するとき、その問題と一緒に寝起きするような気持ちで取り組むことが大事だというほどの意味である」と説明されている。

このような広中氏の回想からヒントを得て、自己の客観視には、観察する自己と観察される自己の心理的距離だけでなく、自己と取り組んでいる課題の間の心理的距離も大きくする必要があるのではないかと考えるようになった。課題から一歩退き、リラックスした気持ちで冷静に考えつづけると、発想の転換によってその課題に再挑戦しようという意欲がでるのではないかと思う。これも自己の客観視であり、その自己が問題解決に悩み、途方に暮れている自己であれば、課題との距離をいったん大きくして課題を捉え直すと新しい感情が生じ、挑戦したくなるであろう。

## 3節　課題関与意欲が学びを深める

グラハムら（一九九一）は、小学校五、六年生にパズルを解く課題を与え、次の二種類の条件下で挑戦させた。一つは「楽しむように」という教示を与え、楽しみながらパズルを解く条件であり、もう一つは「友達と競争し合うように」という教示を与え、競争心をもってパズルを解く条件である。

このパズル課題が終わったあとで、事前の予告なしでパズルのなかで出会った言葉を偶発的に覚えていたかどうかを次の三種類のテストで確かめた。①音韻テスト（パズルのな

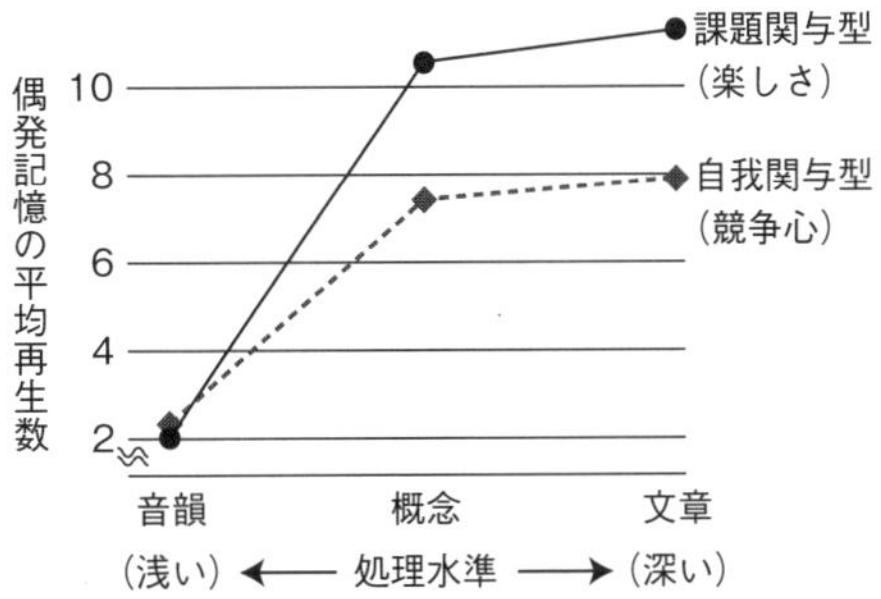


図3　教示の偶発記憶の深さ（Graham, et al, 1991）

かの音の響きが同じ単語を答える）、②概念テスト（パズルのなかの動物・植物などの種類が同じ単語を答える）、③文章テスト（パズルのなかのテストで示す文の空欄に当てはまる単語を答える）。

その結果は図3のとおりであり、楽しさ条件群（課題関与意欲）は競争心条件群（自我関与意欲）よりも、概念テストと文章テストではより多くの正答数を示した。

なぜ楽しさからパズルを解いていた子どものほうが、言葉の概念や文脈を手がかりにした偶発記憶で言葉をより正しく記憶していたのであろうか。この問いに答えるためには、認知心理学の処理水準説（クレークら、一九七二）を引用しなければならない。これは「情報処理の水準が深くなるにつれて記憶痕跡の強さや持続時間が増える」という説である。しかし、学校での学びにお

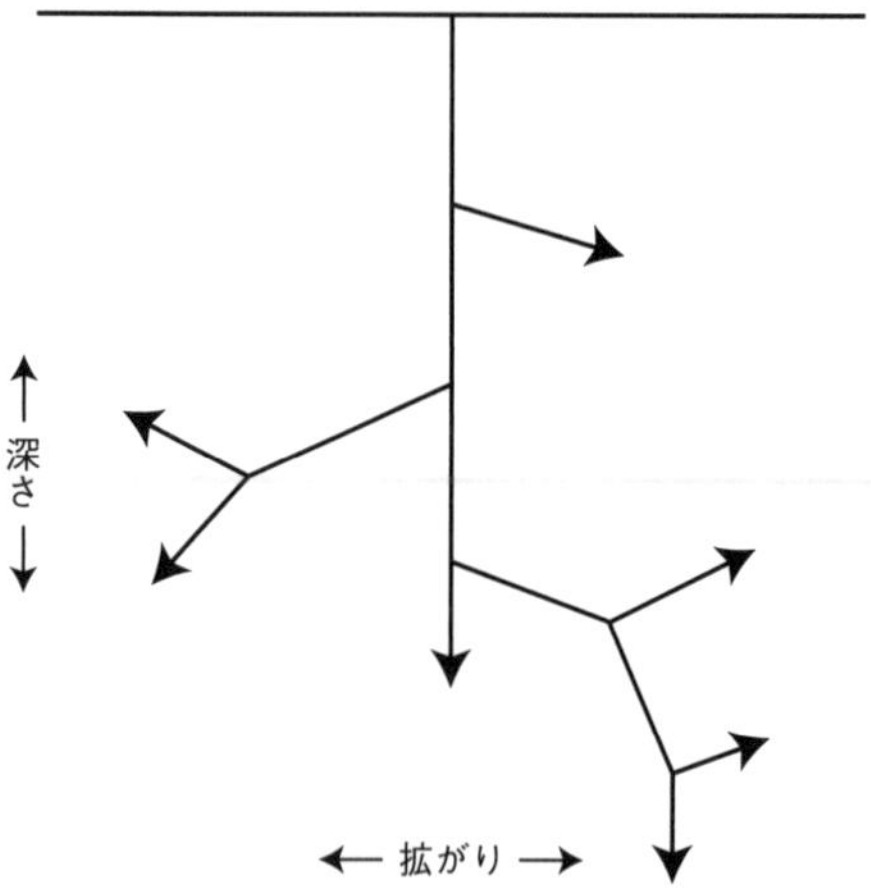


図4　認知的処理の二次元モデル（北尾，2000）

いては、記憶だけでなく理解の深さが問われ、逐語的理解にとどまらず、多様な文脈での深い理解へ導くことが重視される。そこで筆者は図4のように深さと拡がり（多様性）の二次元モデルを提唱した（北尾、二〇〇〇）。

この二次元モデルによってグラハムら（一九九二）の実験結果を説明しよう。図3下部の左側に示した音韻テストでは、楽しさ条件と競争心条件の偶発記憶に差はなかったが、それは図4の認知的処理の浅い上部に示した処理でも答えられるテストであったからである。単なる音を耳にしたかどうかというテストであるから、競争心から勝つことだけに集中し緊張していても、リラックスして楽しんでいる場合と同じように偶発的に記憶していたのであろう。

図3下部の横軸中央に示した概念テストの場合は、同じ類概念に属する言葉であるかどうか考えなければならない。また、右側に示した文章テストの場合は、文脈から判断して空欄に当てはまるかどうかを考えなければならない。どちらも図4の認知的処理の深くて拡がりのある図の下のほうの処理でなければ正しく答えることがないテストである。楽しさ条件では気分的に余裕があり、下のほうの処理ができたので偶発記憶による再生数が多かった。そして競争条件ではそのような余裕がないために処理が上のほうで止まり、再生数が少なかったといえる。

楽しさや興味・関心をもつと、学びの課題や場へ向かう意欲が強くなることが広く知られている。それは「楽しい、面白い」と感じるので、右に述べたようにポジティブな感情的余裕によるものである。また知的好奇心や知的探究心が強くなると、学びの課題に熱中して取り組み、創意工夫を重ねながら深い学びへと進もうとする意欲となることも広く知られている。

いずれの意欲も学習課題への関与を高める意欲であるから課題関与意欲と呼ばれ、学びを深めるには欠かせない意欲なのである。

# 4節　状況的学習が自己実現意欲を育てる

徒弟制の教育では、親方のようになりたいという願望から、弟子は苦労に打ち勝ち、一歩ずつ階段を上りその集団に参画していく。このような学びを参画型学習と呼び、どのような学びが展開されているかを論じたことがある。

その論文（北尾、二〇〇一）によれば、参画型学習の学びのプロセスは、社会的参画や文化の共有化のプロセスとして説明される。決められたカリキュラムがあるわけではなく、その場の状況を自ら捉えて学び、教科書もなく共同で働く者どうしの談話を通して学ぶというプロセスである。このような学びは状況的学習と名づけられている。

状況的学習では、集団のなかでの自分の価値が高められていくのを実感し、それが学びの動機づけになっている。そこでは自分の将来の姿が念頭にあるので、自分を生かそうという自己実現意欲が強くなることがわかる。

いまの学校には将来の夢をもたない子どもが多いと聞くが、この状況的学習論から示唆を受けて改善策を考案するのがよいと思われる。そこで、総合的学習の授業例を取り上げ、どのような学び方が自己実現意欲を育てるのかを論じたい。

田村（一九九九）には、上越市の小学校六年の総合学習において、人との出会いを重視した実践が報告されている。猪俣さんという青田川を愛する会の代表と出会い、その子は「国語の教科書に載っている『海のいのち』の作者は海が好きで、自然が好きだったから、海をテーマにしているのではないか」と感想を述べていた。

そのほかに、一八〇年の歴史を誇る味噌店の社長、パラリンピックの選手、漫画家、伝統工芸品店のマイスターなどの達人に出会わせ、子どもたちは尊敬と憧れを自己評価カードに書いていたことも報告されている。

大林（一九九九）には、京都市の小学校四年の総合学習において、九条ねぎ栽培の名人といわれる老人や、長年にわたって町の銭湯を続けてきた主人に子どもたちを出会わせた。力強い言葉に圧倒されながらも、老人や主人の生き方や信念に魅せられたようである。また、山に囲まれた近郊の宿舎で六年生を合宿させ、夜空に輝く満天の星空を初めて見て心を揺さぶられた子どもたちは、「キラキラ輝く星が頭の上にいまにも落ちてきそうな感じ」などと感想を述べ、詩をつくることに熱中する子どもが多かったようである。

これらの実践では、自分が住む土地の先達と語り合い、その土地の魅力を実感しながら、自分自身の将来を夢みて学んでおり、状況的学習が自己を生かすために学ぼうとする自己実現意欲を育てていることがよくわかる。

総合学習だけでなく、教師が語るひとことを終生忘れず、「この言葉を頼りにして生きてきた」と回想する人もいる。教師や身近な人々が子どもに語りかけ、生き方を考える機会を多くしてほしい。それが自己実現意欲を育て、自らの学びを迷うことなく続けて深める子どもを育てるのである。

### 引用文献


・外山美樹・湯立・長峯聖人・黒住嶺・三和秀平・相川充「制御焦点がパフォーマンスに及ぼす影響」『教育心理学研究』六六巻　二〇一八年

・Higgins, E. T. Beyond pleasure and pain. *American Psychologist*. 52. 1997

・清水登大・長峯聖人・外山美樹「非一人称セルフトークが自己制御に及ぼす影響」『教育心理学研究』六九巻　二〇二一年

・Ayduk, O.,& Gross, E. From a distance: implication of spontaneous self-distancing for adaptive self-reflection. *Journal of Personality and Social Psychology*. 98. 2010

・広中平祐『学問の発見』佼成出版社　一九八二年

・Graham, S.,& Golan, S. Motivational influences on cognition: Task involvement, ego involvement, and depth of information processing. *Journal of Educational Psychology*, 83. 1991

・Craik, F.I.M.& Lockhart, R.S. Levels of processing: A framework for memory research. *Journal of Verbal Learning and Verbal Behavior*, 11, 1972

・北尾倫彦「学習の深化における処理水準と分散提示の効果」『京都女子大学大学院記念論文集』二〇〇〇年

・北尾倫彦「参画型学習の動機づけと学校学習への示唆」『教育学・心理学論叢』二〇〇一年

・田村学「人・人・人」児島邦宏・飯塚峻・村川雅弘（編）『総合的な学習・指導案集　小学校5・6年』図書文化　一九九九年
・大林照明「教科の壁を超えた参加型学習」北尾倫彦（編）『自ら学び自ら考える力を育てる授業の実際』図書文化　一九九九年

# 4章 資質・能力を支えるメタ認知と深い学び

「メタ認知」が優れた学習活動の基盤であることは、教育心理学や認知心理学では一九八〇年代から繰り返し実証されてきた（岡本、一九九九・二〇一二）。パリンサー・ブラウン、一九八四）。また、文部科学省の参考資料（二〇一二）では、「学力」の代わりに「資質・能力」という用語が用いられ、加えて資質・能力を支える重要な要素として「メタ認知」という新しい概念が組み入れられた。しかし、学校現場にまだ浸透しているとはいえず、授業のなかでメタ認知をどのように指導していくか、手探り状態であることも多い。

そこで、4章1節では「知識・技能」、2節では「思考力・表現力・判断力」、3節では「学びに向かう力」と関連づけながら、メタ認知が資質・能力（学力）の形成にどのように役立っているのかを論じ、子どもたちに身につけさせるべき力を解き明かしていく。さらに4節では、資質・能力（学力）を一体的に捉える考え方として「新統合理論」を手がかりに指導の方策を考える。

前述の文部科学省の参考資料によれば、資質・能力には、①知識及び技能、②思考力、判断力、表現力、③学びに向かう力、人間性等、という三つの柱がある。三つの柱といわれると、三つの異なる力が存在し、三つの力をそれぞれ育成する必要があると考えてしまうかもしれない。しかしながら、実際にはこれら三つの力は育てるべき一つの資質・能力の異なる側面を強調しただけにすぎない。

例えば、算数の文章題を考えてみよう。文章題を解くには算数の知識や計算の技能が必要である。しかし、それだけでは問題を解くことはできず、どのように問題を解くかを見通す思考力や、その見通しをどの式で表すべきかを判断する力も必要となる。

このように考えると、「知識・技能」と「思考力・判断力」は一体となって発揮される力であり、授業でも一体的に指導していると感じる先生方も多いのではないだろうか。その考え方はそのとおりであり、「資質・能力」の三つの力は一体として捉えるものなのである。

このように、育てるべき力は資質・能力という一つの力であるが、授業のなかでは、特に焦点化して育てたい資質・能力の側面を明確に、三つの柱を意識することが重要となる。

では、なぜこの三つの側面を明確にしたほうがよいのか。それは、これら三つの柱を育てる指導のあり方が違ってくるからである。

## 1節　知識・技能とメタ認知

初めに、資質・能力の柱として「知識・技能」を重視すべき理由を考えよう。まずは、読むのが苦手な子どもの様子を思い浮かべてみてほしい。

読みの苦手の原因にはいくつかの可能性が考えられるが、第一に、文字の知識が不足している可能性が考えられる。私たちは文章を読むとき、その文字の形を頭の中に蓄えた文字の知識と照らし合わせながら読んでいる。これは「問」と「間」を混同しやすいことからもわかるとおり、文字の形が似ているとそれらを判別するのはむずかしくなる。すなわち、文字に関する知識が欠けていると読むこと自体が困難になり、似たような知識が頭の中に存在している場合には混乱の原因となる。

二つめには、子どものワーキングメモリが不足していて読むのが苦手という可能性が考えられる。この可能性は第4章で詳しく論じるのでそちらに譲り、知識・技能の話を進めよう。

次に、「7＋4」という計算問題を考えてみよう。答えは「11」であるが、答えを導きだすためには、「7」や「4」が示す量についての知識や、十進数の知識、そして「＋」という記号が「加える」という数的操作を意味しているという知識をもっていなければならない。このように、どの教科であってもまず重視すべき一つの柱は知識・技能なのである。日本の教育は知識や技能の指導に偏りすぎていたことが批判されることも多いが、知識・技能は私たちの知的活動や学力には欠かすことができないものである。

知識・技能は教科の学習に必要な要素であるが、知識・技能をもっていてもうまく学べない子どもも多く存在する。ここでは、知識・技能はもっているがメタ認知が未熟なためにうまく学べないT君という子どもの例を紹介しよう。

T君は、担任教師の「この計算プリントが終わった人から休み時間にしていいよ」という指示を聞き、急いで計算プリントに取りかかった。T君は計算が得意だったため、いつも素早く計算することができる。その日もがんばって計算に取り組み、三番目の速さで丸つけの列に並び、自分の順番が来るのを待った。T君の順番が来ると、先生は丸つけを終え、「T君、一問間違っているからやり直してもう一度見せにきてね」と言った。

この場面でのT君の資質・能力の状態を考えてみよう。前述の計算問題を参照すると、計算に必要な知識・技能をもっていないとすれば、計算を実行できず問題を解けない可能性が高い。しかしT君は一問を除いて正解しているので、計算に関する知識・技能をもっていないとは考えられない。なぜT君は問題を間違えたのであろうか。実は、このような場面で必要とされる力がメタ認知なのである。

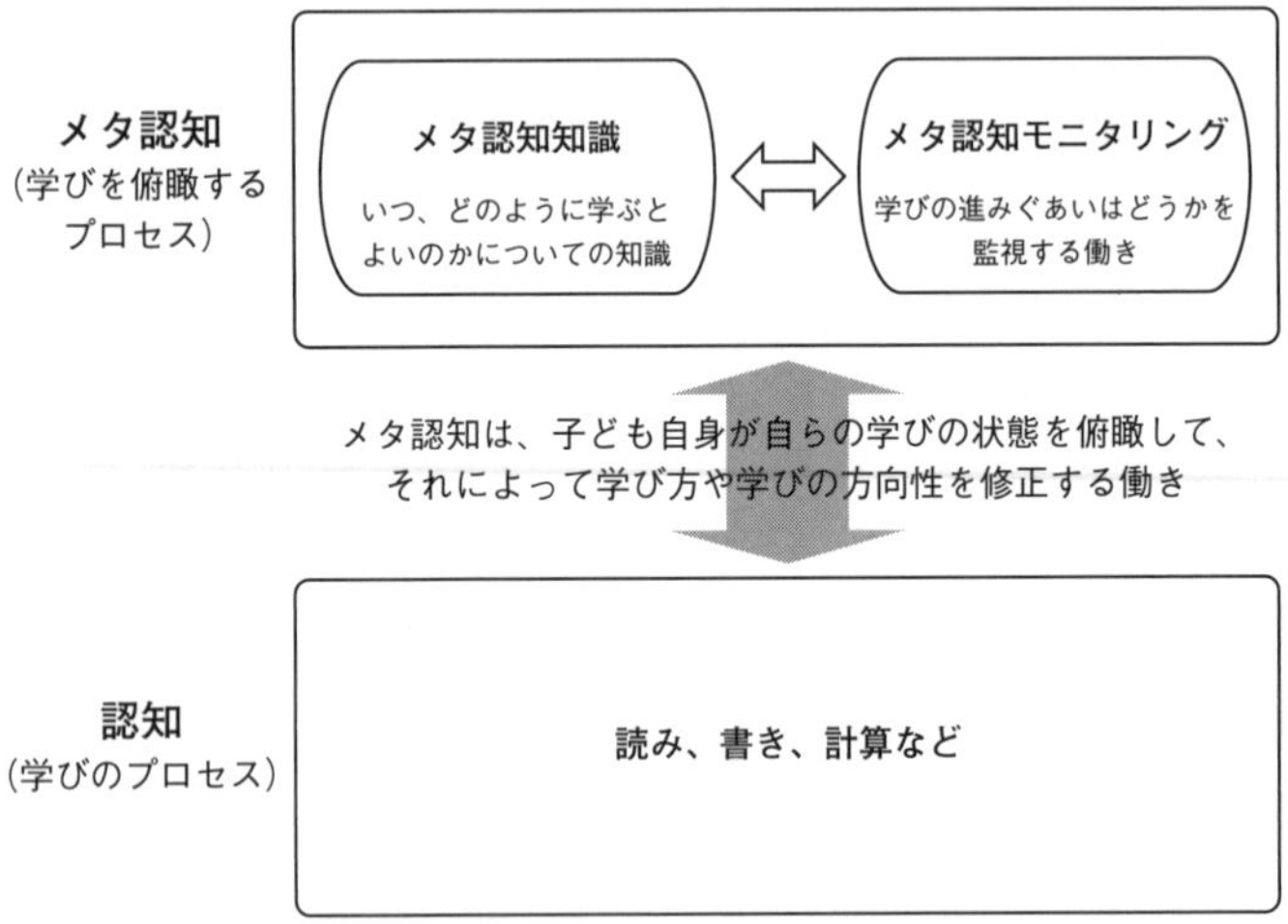
メタ認知
(学びを俯瞰するプロセス)
メタ認知知識
いつ、どのように学ぶとよいのかについての知識
メタ認知モニタリング
学びの進みぐあいはどうかを監視する働き
メタ認知は、子ども自身が自らの学びの状態を俯瞰して、それによって学び方や学びの方向性を修正する働き
認知
(学びのプロセス)
読み、書き、計算など

図1　学びのプロセスとメタ認知

図1に示したように、テキストを読む、計算問題や文章題を解く、作文を書くといった学習活動を行っているとき、自分自身の学習活動を俯瞰するもう一人の自分に気づくことがある。例えば、国語のテキストを読んでいる途中で「あれ？　わからなくなった。もう一回前に戻って読み直してみよう」と思うことがあるだろう。このような、学びを俯瞰する心の働きがメタ認知である。このように考えてみると、テキストを読む心の働き（認知）と、それを上から俯瞰しているもう一つの心の働き（メタ認知）があることがわかる。

　T君は、ほとんどの計算は正しくできているが、一問の計算ミスをしていた。これを不注意ということはできるが、国語のテキストの例を考えると、T君はメタ認知がうまく働かないために計算ミスをしたと思われる。計算を実行する心の働きを俯瞰して監視するメタ認知がうまく働かなかったために、計算を間違ったことに気づかなかったのである。もしT君のメタ認知がうまく機能しているならば、「計算ミスをしているかもしれない。検算をして答えを確かめよう」とメタ認知がT君に教えてくれ、ミスをした問題を自分でやり直すことができたであろう。

まとめると、学習活動のなかでメタ認知は、学習課題を行っているときに自分の学習活動がうまくできているかどうかを監視し、それを調整する役割を果たしている。認知心理学では、この働きをメタ認知モニタリング、あるいはモニタリングと呼ぶ。メタ認知モニタリングは、ここであげた算数や国語に限らず、子どもたちが取り組んでいるどのような学習課題においても働いており（フラベル、一九七九）、メタ認知の高さが学力の高さに結びついている。

ここまでみてきたように、知識・技能は獲得していればよい、暗記できていればよいというわけではない。知識・技能を獲得したうえで、メタ認知を働かせながらうまく知識・技能を使いこなせるように指導する必要がある。そのためには知識・技能を反復練習させるだけでは不十分であり、メタ認知を使いながら、いつどのように学習した知識・技能を用いるとよいのかまで学ぶ必要がある。

## 2節　思考力・判断力・表現力を支えるメタ認知

学習指導要領では、学力の二つめの柱として、思考力・判断力・表現力と三つの力が列挙されているが、これも異なる三つの力を育てるという考え方ではなく、それぞれの問題状況に応じて、思考し、判断し、その思考・判断の内容を表現できる力を育てることが大切になる。

算数の文章題や理科の問題解決学習は、思考力・判断力・表現力が発揮される学習活動の典型的なものであり、これらの問題解決学習は思考力・判断力・表現力の指導に適した場面といえる。単元の前半で基本的知識・技能の習得に取り組み、後半で基本的知識・技能を使った問題解決学習に取り組むという単元構成は、理に適った指導である。

岡本（一九九一）は、小学校五年生を対象に算数文章題の解決過程でメタ認知がどのように働いているのかを調べている。この研究では、問題を読んで理解する段階（思考力が発揮される場面）、式を立てる段階（判断力と表現力が発揮される場面）、計算をして答えをだす段階（計算技能が発揮される場面）の三段階に分けて、それぞれの段階でのメタ認知の働きを検討している。

例えば式を立てる段階では、「式を立てるときにはどんなことに気をつけていますか」

と子どもに質問してメタ認知の働きを調査している。その結果、メタ認知がうまく働いていない子どもは何も答えられなかったり、「わからない」と言ったりすることも多いことがわかった。それに対してメタ認知がうまく働いている子どもは「自分で考えている式があっているか確かめてから書く」と、自分の頭の中の式（認知）が正しいかどうかを俯瞰してみている（メタ認知）ことが報告されている。

このようなメタ認知の差異はどの段階でもみられ、文章題がうまく解ける子どもと苦手な子どもの違いであることが明らかになっている。すなわち、思考力・判断力・表現力は、知識・技能がメタ認知によってコントロールされた結果として表れる力であるということもできる。

この研究結果から、思考力・判断力・表現力の指導の方策として有効なのは、基礎的な知識・技能を使って取り組む問題解決学習であることがわかる。しかしながら、知識や技能を獲得していればだれでも問題解決が行えるわけではない。これは、計算問題は解けるものの文章題が苦手な子どもを想像してみるとよくわかる。

問題解決では、類似の問題で利用した考え方や解き方を応用して新たな問題にあたらなくてはならない場面もある。すなわち、知識・技能を「いつ・どのように用いるとよいか」というメタ認知知識も同時に獲得していなければ、必要な知識や技能をうまく使いこなすことができず、結果として思考力・判断力・表現力は身につかないのである。

## 3節　学びに向かう力を支えるメタ認知

学習指導要領に示される「学びに向かう力」は、指導のなかでは「主体的に学ぶ態度」と言いかえられる。さらに「主体的に学ぶ態度」は何かと考えると、子どもたちが自ら学ぶ課題を選択し、どのように学ぶのかまで自分で考えながら学ぶ態度であるといえる。このような学びの姿を心理学では「自己制御的な学び」「自己決定的な学び」と呼ぶが、子どもが自ら学ぼうとするとき、その力が十分に発揮される。

宮本ら（二〇二〇）は、ドイツの小学五年生から高校一年生を対象として、読書に対する動機づけの変化を調べている。その結果、学年が進むにつれて読書に対する動機づけが低下すること、この低下傾向は男女ともにみられることが明らかになっている。ドイツは高校から大学進学をめざす高校と職業訓練校に分かれるが、どちらの学校の生徒でも同じように低下がみられたと報告している。このような動機づけの低下は多くの先進国でみられるものであり、先進国では学習内容が豊富であるために学習で読む必要がある本が多くなり、子どもが自ら選んで読む機会が少なくなることを原因の一つにあげている。

この論文は、私たちの教え方に重要な示唆を含んでいる。すなわち、子どもが自ら主体的に学習課題を選べるような学びの状況や場面を多く用意すべきということである。

デシとライアン（二〇〇八）の自己決定理論においても同様の指摘がなされており、自らがそれを行うと決めた行動、自己決定的な行動では動機づけが高くなると考えられている。子どもたちが学びに集中し、意欲的に学ぶ姿の裏には、その学習内容だけでなく、それを自ら決定したという事実が強く働いていると考えられる。

では、このような学びの自己決定とメタ認知はどのような関係にあるのだろう。さきほど、メタ認知は心の働き（認知）を上から俯瞰・監視して調整する働きであると説明した。子どもたちはさまざまな学習の場面を経験するが、それらの場面でメタ認知が働いていることも多い。そうすると、さきほどのT君のように何度も計算ミスを経験していると、「私は計算ミスをしがちだから、計算が終わったら、何度か検算をして確かめたほうがよい」といった知識を身につけることにつながる。

メタ認知におけるこのような知識を「メタ認知知識」と呼ぶ。自分の学び方の特徴についての知識もメタ認知知識に含まれる（フラベル、一九七九）。また、メタ認知知識には、どんな学習課題が得意かといった知識や、どのように学習課題に取り組むとうまくできるかといった知識も含まれる。したがって、メタ認知知識が豊かになれば、より効果的に学習活動を調整できるようになり、結果として高い資質・能力の形成につながる。子どもに、子ども自身に関するメタ認知知識が豊富であれば、学習課題の自己決定もうまく行えると考えられる。

## 4節　新統合理論からみた深い学び

最後に、学習指導要領における資質・能力を一体的にとらえる考え方として、ブルーアー（一九九三）というアメリカの科学者による「新統合理論」を手がかりに指導の方策を考えてみよう。

ブルーアーは、深い学び（原著では、優れた知的活動）に必要な要素は、「①一般的方略」「②領域固有知識」「③メタ認知」の三つであるとしている。

「①一般的方略」とは、教科や課題に限定されない学習一般に関する知識・技能のことである。これは、日本の学校教育でいう学び方や学習規律とほぼ同等のものである。例えば、「間違った問題は解き直してみる」「問題がわからないときは類似の問題を思い出してみる」などの知識はどの教科にも使える知識であるため一般的方略になる。ブルーアーによれば、この一般的方略はそれをもっているからといって特定教科の課題や学習が劇的に改善するわけではない。しかし、うまく学べる人は一般的方略を獲得しているとされ、重要な学力の要素である。

「②領域固有知識」とは、教科や課題に固有の知識・技能である。学校で学ぶ教科の知識や技能がこれにあたる。例えば「分母の異なる分数の足し算は、通分してから分子を足し

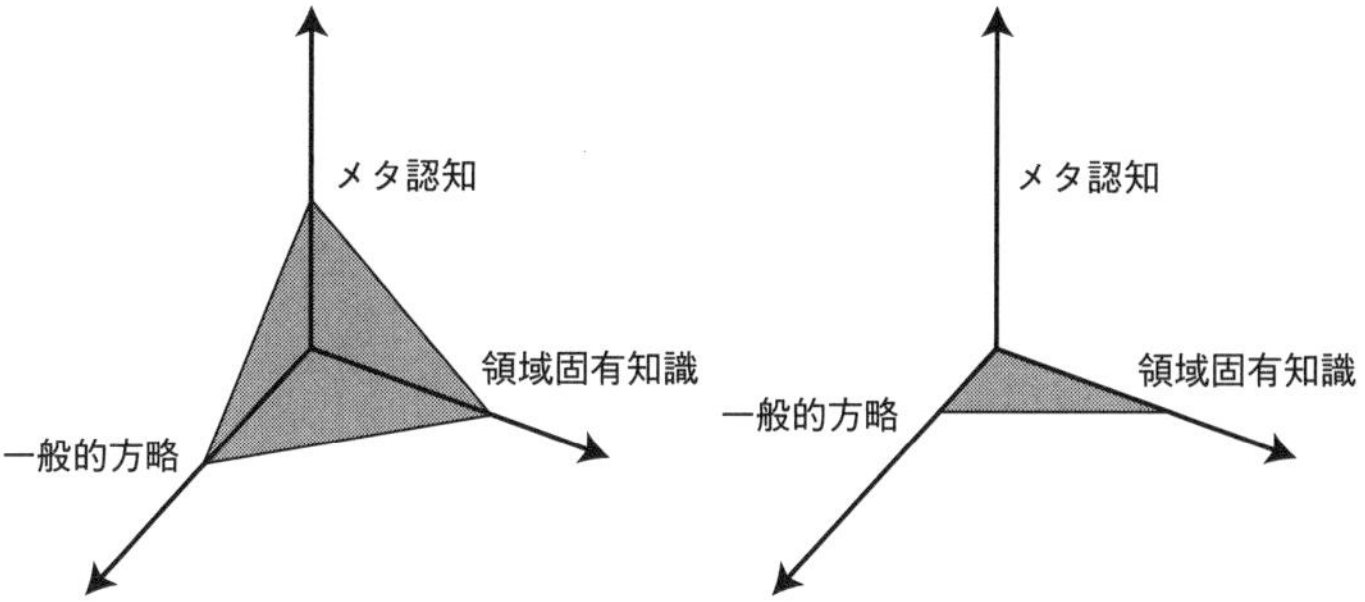


b. 知識・技能がメタ認知によって高められている学力状態　a. 知識・技能だけが育った学力状態

**図2　学力の状態とメタ認知（岡本, 2004を改変）**

合わせる」という知識は、それがなければ計算を正しく行うことはできない必須の知識である。このような、それぞれの教科や課題がもつ領域固有知識こそが優れた学業達成をもたらすといえる。

最後の要素は「③メタ認知」である。本章で説明したように、メタ認知は、子どもたちが、自分が行っている学習活動を自分自身で監視し、調整する力である。

このブルーアーの新統合理論を学校の指導に適用し、めざすべき学力の姿を表したのが図2である（岡本、二〇〇四）。図2aは、知識・技能だけが育っており、授業で学習した課題や状況でしか知識や技能を使えない状態といえる。これに対して、図2bは知識・技能に加えてメタ認知も育っており、授業で学習した知識や技能を、ほかの課題や状況、あるいは日常生活においてどのように役立つのかまで理解している状態である。この状態こそが、知識・技能を活用して思考・判断・表現できる状態であるといえる。

メタ認知は、認知心理学や学習科学の研究では、深い学びをもたらす重要な要因であり、子どもたちが身につけるべき力であるという見方が一致しているが、学習指導要領における資質・能力の三つの柱には含まれていない。これは、メタ認知をどのように捉えて評価するのか、現在、研究者間でもさまざまな議論があり一致していないためであろう。今後、メタ認知の評価法が定まってくれれば、評価の観点に加わることも考えられるだろう。授業では、知識・技能と同時に、メタ認知の指導を意識して行うことが、思考・判断・表現につながる子どもの深い学びを支える指導の重要な要素になると考えられる。

なお、ほかにも新統合理論はわれわれに非常に重要な示唆を与えてくれる。

第一の示唆は「何を教えるべきか」についてである。ブルーアーによれば、国語の読解力、算数の文章題解決能力、理科の科学的思考力など、どんな教科や学習活動であっても、新統合理論の三つの認知的要素が共に育っていることが必要であるという。ただし、各要素に対する指導の力点は子どもの成長に伴って変化する。

①の一般的方略は、学び方や学習規律とほぼ同等のもので、小学校入学直後に重点的に指導を行うことが必要である。②の領域固有知識は、学習指導要領に従って小学校低学年から着実に身につけていくことが望まれ、どの学年においても指導が重要である。一方

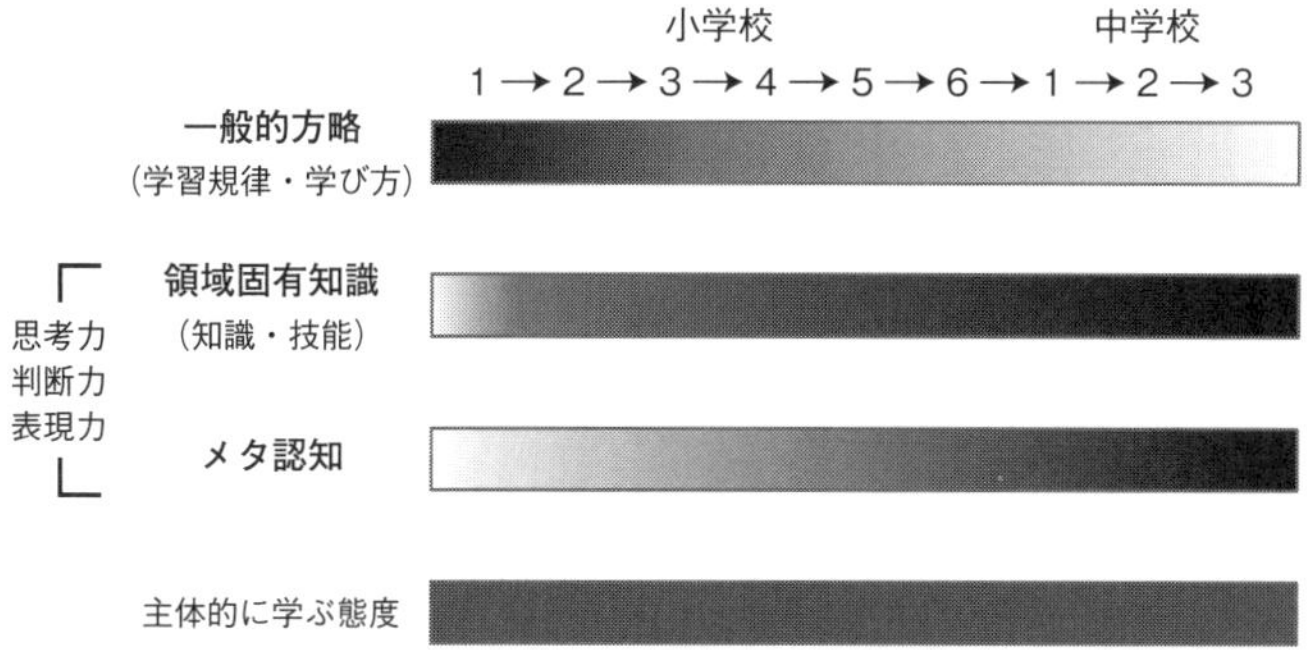


**図3　学年の進行に伴う指導の力点の変化**

で、③のメタ認知は子どもの発達に伴って徐々に獲得される能力であり、教科学習においてメタ認知をうまく働かせることができるようになるのは一〇歳前後、小学校中学年ごろだと考えられている（岡本、一九九九）。この考えに従えば、メタ認知を生かした学習には、小学校中学年（一〇歳前後）以降から中学生にかけての年齢段階で重点的に取り組むべきである。

図3に、小・中学校の学年進行に伴う指導の力点のイメージを示した。新統合理論の三つの認知的要素の指導の力点を変えることで、「知識・技能」「思考力・判断力・表現力」「主体的に学ぶ態度」の力点が変化していくことが理解できるだろう。

第二の示唆は、資質・能力を一体的に育成するために、子どもに「どう教えるべきか」についてである。新統合理論に従って考えると、優れた力を発揮する学習活動とは、子どもたちがメタ認知的気づきを働かせながら、領域固有知識を使用して、思考・判断・表現を働かせることができる場面である。小数どうしのわり算では、小数点の位置を間違いやすいので確認することが大切だという気づき（メタ認知的気づき）が子どもの中に生じるような指導が重要になる。子どものメタ認知的気づきを伴った指導を工夫することは、一般的方略の指導においても同様に重要である。

新統合理論と学習指導要領では、育むべき資質・能力に「メタ認知」を位置づけているかどうかが異なっているが、そこから資質・能力の捉え方や指導の方策についてのヒントが多く得られる。

## 引用文献

・文部科学省初等中等教育局教育課程課「学習指導要領の趣旨の実現に向けた個別最適な学びと協働的な学びの一体的な充実に関する参考資料」二〇二一年
・岡本真彦『算数文章題の解決におけるメタ認知の研究』風間書房　一九九九年
・岡本真彦「教科学習におけるメタ認知：教科学習のメタ認知知識と理解モニタリング」『教育心理学年報』五一巻　二〇一二年
・Palincsar, A.S.& Brown, A.L. Reciprocal teaching of comprehension-fostering and comprehension-monitoring activities. *Cognition and Instruction*, 1, 1984
・Flavell, J. H. Metacognition and cognitive monitoring: A new area of cognitive-developmental

inquiry. *American Psychologist*, 34, 1979
・岡本真彦「発達的要因としての知能及びメタ認知的知識が算数文章題の解決におよぼす影響」『発達心理学研究』二巻、一九九一年
・Miyamoto, A., Murayama, L., & Lechner, C.M. The developmental trajectory of intrinsic reading motivation. *Contemporary Educational Psychology*, 63, 2020
・Deci, E.L., & Ryan, R.M. Self-determination theory: A macrotheory of human motivation, development, and health. *Canadian Psychology*, 49, 2008
・Bruer, J.T. Schools for Thought: A science of learning in the classroom. The MIT Press, 1993（松田文子・森敏昭「授業が変わる」北大路書房　一九九七年）
・岡本真彦「小学校におけるメタ認知を生かした学習活動を目指して」『平成15年度宝塚市立西谷小学校研究紀要』二〇〇四年

# 5章 「メタ認知」による学びの深め方

前章では、メタ認知と資質・能力を関連づけながら説明した。本章では、実際にメタ認知を働かせることによって学びが深まる様子をみていこう。

メタ認知を働かせるためのキーワードは、自己や他者との「対話」である。第1節では、対話的な学びの必要性を、学びの多様性という視点から論じている。その後、第2節では、対話を用いることで、知識獲得課題を単なる暗記に終わらせず、意味のある構造的な知識とする学びの深め方について論じる。第3節では、メタ認知が社会的相互作用のある場面でどのように拡張されるかの特徴について検討し、対話的な学びを通して資質・能力を育てる指導のあり方を考察する。

# 1節　学びの多様性

「学ぶ」とはいったいどのようなプロセスだろうか。学習指導要領では「主体的・対話的で深い学び」の重要性が指摘されているが、なぜこのような学びを重視すべきなのか、簡潔で納得できる説明ができる教師は少ないのではないだろうか。本章では、学校で積極的に取り入れられている対話的な学びについて、その必要性と可能性をもう一度確認しておきたい。特に、第4章で紹介したメタ認知の観点も交えて解説する。

読者のみなさんが指導計画を考えるとき、学びとはこのようなプロセスで、このような指導が最適だという暗黙の了解のもとに計画しているのではないだろうか。しかし、学びの過程を研究する学習科学の研究者の多くは、学びとは複数の異なる様相をもつプロセスだと考えている。パーボラら（二〇〇四）や大島（二〇一九）は、学びの理論は大きく三つに分かれるとし、それぞれを「獲得メタファ」「参加メタファ」「知識創造メタファ」と呼んでいる。メタファとは本来「比喩」の意味であるが、ここでは「学び」には三つの異なった考え方が存在するという立場に立って解説する。

獲得メタファは、学ぶとは子ども（学び手）が自分のなかに知識や技能を構築・獲得することであると考える。このような考え方は、日本でも古くから根づいてきたドリルや一〇〇マス計算などの反復学習教材を利用することの理論的背景となっており、最も一般的な学びの考え方といえるだろう。

参加メタファとは、学ぶとは子ども（学び手）が教師（教え手・できる人）のもとで一緒にその課題に取り組むことでできるようになる過程と考えるもので、学びの本質は学びの活動への参加にこそあると考える。

知識創造メタファとは、学ぶとは教師によって周到に準備された知識を創造するための活動に、子どもがかかわることを通して起こるとする考え方である。

大島（二〇一九）はこれらの三つの異なる考え方を区別しているが、授業を考えるにあたっては、「獲得メタファ」と「参加・知識創造メタファ」の大きく二つに分かれると考えるほうが都合がよい。そのため、ここからはこの二つを中心に論じる。

これらの学び方の違いを二つあげよう。一つは、獲得メタファが学びを学び手個人のなかに起こる現象として捉えているのに対して、参加メタファや知識創造メタファは学習課題や活動に子どもが参加すること自体が学びであり、学びは共有されるものと考えていることである。二つめは、獲得メタファが学びとは教え手（教師）から学び手（子ども）に与えるものであると捉えているのに対して、獲得・参加メタファでは学び手と教え手の間に自然的に発生するものだと捉えていることである。

学校教育は、その誕生から、大人や教師がもっている知識や技能を次世代の子どもに受け継ぐことが目的であった。すなわち、獲得メタファに基づいて、知識を学び手である子どもに獲得させることこそが目的であると考えてきた。一方で、参加メタファや知識創造メタファのような学びは教師の積極的な働きかけを伴うものではないために、教育としての正当性が低いと考えられてきたふしがある。

しかし、ここで重要なのはどの考え方が正しいかではなく、本来、学びのプロセスは異なる様相をもつものであり、それらの違いを生かしたさまざまな学びを提供することが子どもたちの生きる力の形成に役立つと考えることである。

## 2節　知識獲得課題での学びの深め方

獲得メタファに基づいて授業法を考えると、いわゆる一斉授業が有効な指導法となる。一斉授業は長い間批判されてきたが、ここでその是非を整理しよう。第４章でも述べたとおり知識・技能は学力の要素の一つであり、知識・技能の獲得を目的とした指導を行うことは教育の根幹をなすといってもよい。しかし、知識・技能の獲得するための手段としての一斉授業に偏った指導にはデメリットが多い。ここでは次の二点を指摘しておきたい。

一つは、教師が教室内の子どもに同じように授業を行ったとしても、わかり方に違いが生じることである。これは、子どもたちは一人一人違った事前の知識をもっているため、子どもの学びは事前の知識状態の影響を受けるからである。得意な教科の学習ではどんどん学びを深めていくのに、苦手な教科ではつまづいてしまう子どもの姿を想像するとわかるだろう。すなわち、苦手な教科の学習が進まないのは、興味や意欲をもてないだけでなく、事前の知識状態も影響するためである。知識の獲得をめざそうとすると、そこには必ずといっていいほど学習の個人差、できる子どもと苦手な子どもの差が生まれる。

二つめは、受身的に学んだ知識は、覚えてはいるが必要なときに使えない知識となって学習されることである。このような知識を不活性な知識と呼び、暗記的な学習によって生みだされやすいことが知られている（ブルーアー、一九九三）。学習指導要領では、学校で学んだことを日常生活や未来に活用できる状態になることを目標としている。しかし、知識を獲得させるだけの暗記的な学びや一斉授業ではこのような目的は達成できない。

では、どのような学びが必要なのか。メイヤー（二〇〇二）は、暗記的な学習（固定的学習）と意味理解を伴った学習（有意味学習）を対比し、意味理解を伴った学習をめざすべきとしている。意味理解を伴った学習とは、学び手（子ども）が教師や仲間とともに学習活動に参加し、コミュニケーションをとりながら、学習内容の意味を構築していくような学びであり、学んだ事柄を新しい状況でも使えるようにするための学習である。

これは参加メタファ・知識創造メタファが描いている学びの姿である。そこでの教師の役割は、図1に示したように、学びに参加し、子どもたちが学んだ知識や技能を使用する

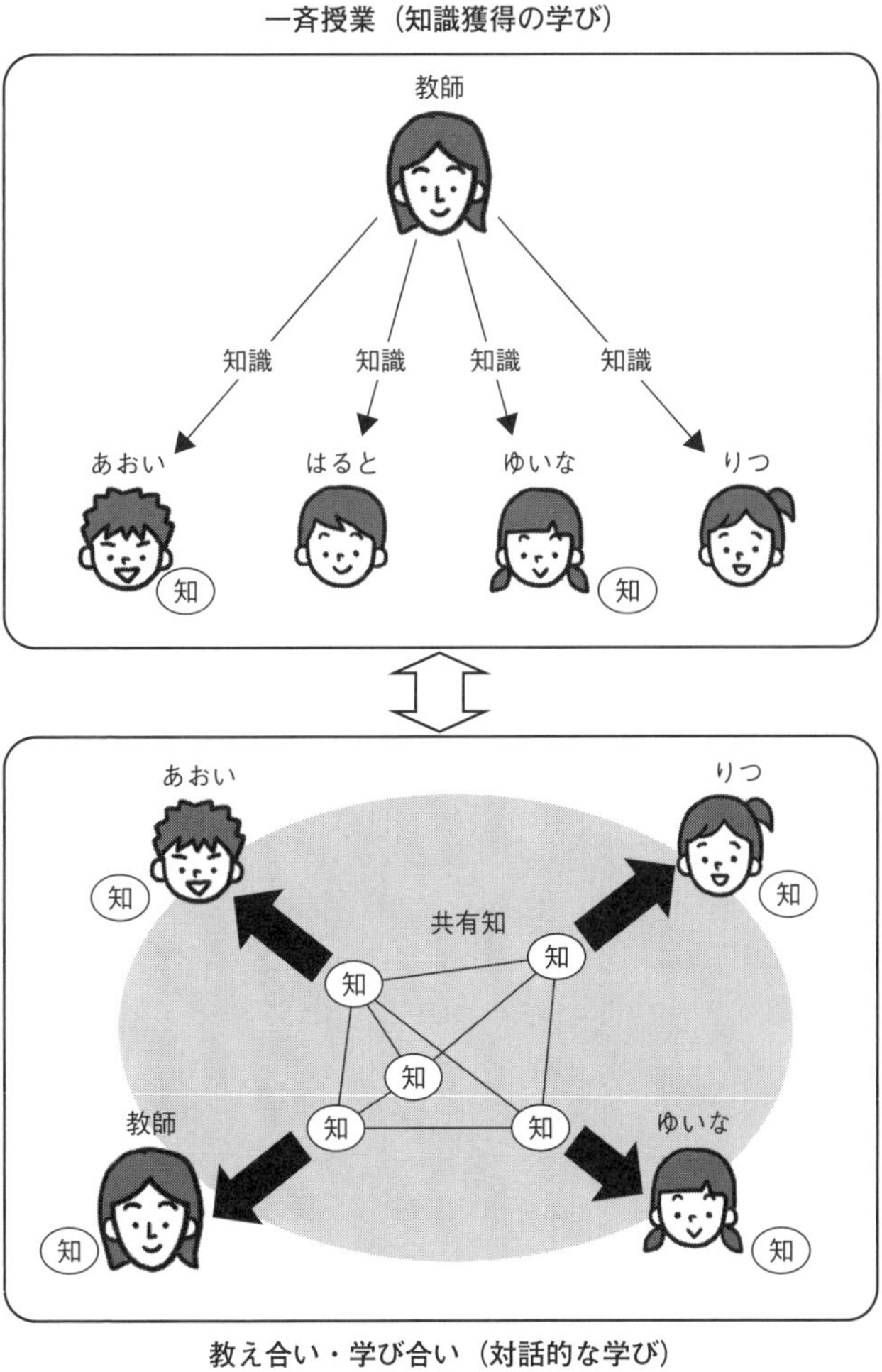


図1 知識獲得の学びと対話的な学び

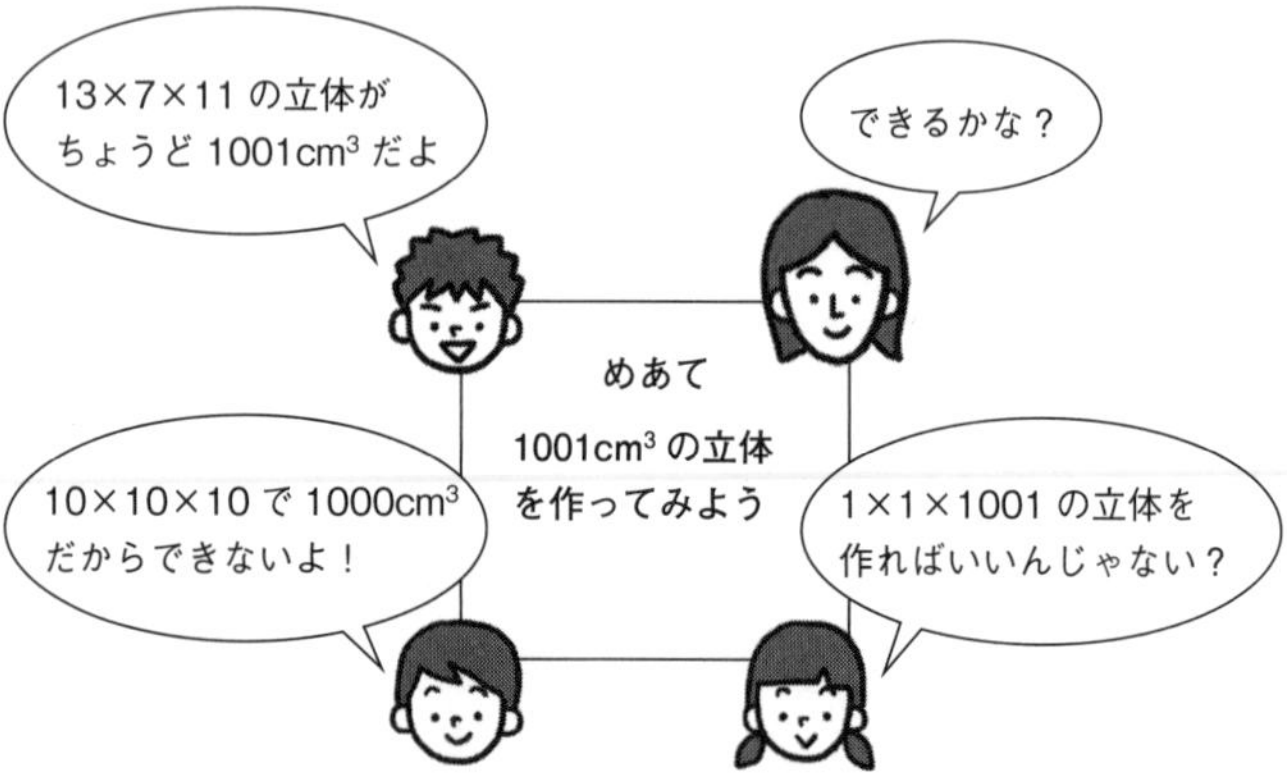


**図2　教え合い・学び合いにみられる参加・知識創造**

のを助け、また新しい状況を用意することを通して新しい知識・技能の創造を手助けすることといえる。実際、総合的な学習や探究活動では、子どもが協働的な学びのなかで目標に向かって学びを深めていく活動が推奨されているが、これは意味理解を伴った学びをめざしているためである。つまり、参加・知識創造メタファが描く学びを実現するためである。

参加・知識創造メタファが描く学びでは、教師から子どもに教えるという一方向の流れではなく、子どもどうし、あるいは子どもと教師が一体となった双方向的なやり取りを通して学習が展開されることが期待されている。学習指導要領では、このような学びの姿を対話的な学びと表しているが、それはまさに参加・知識創造メタファの学びである。なお、このような対話的な学びは、これまでも「学び合い」や「教え合い」などの形で実践されてきている。

教師がクラスの子どもたちとのやり取りのなかで子どもの思考をまとめていく手法は「練り上げ」とも呼ばれ、特に算数の授業実践として研究されてきた。図1に対話的な学びを一斉授業と対比する形で示した。教師が主導する授業によって子どもたちに知識や技能を獲得させせつつ（獲得メタファの学び）、子どもどうしや子どもと教師による協働的な活動に参加することを通して、新しい知識や技能を創造する場面を体験させる（参加・知識創造メタファ）ことが重要となる。

図2に、「1001㎤の立体は作れるだろうか?」という教師の発問に対して、子どもたちが対話的に学んでいく様子を示した。10×10×10で1000㎤の立方体になるという知識を事前にもっている子どもは、1㎤だけ体積が増えた立体を想像するのはむずかしいかもしれない。しかし、柔軟な発想ができる子どもは1×1×1001の立体を提案することができるかもしれない。このようにそれぞれの考えを表現し合い、お互いの考えを知ることが新しい知識の獲得へ結びつく。

対話的な学びを実現する指導のポイントは二つある。一つは「自分や他者の考えや理解を、言葉や図などで表現させる」ことである。私たちは頭の中で考えて理解しているが、この理解を外にだす（表現する）学びの支援法を外化という（大島、二〇一九）。理解したい対象を表現して目に見えるようにすることで、自分とは異なる考えや意見、解き方に気づくことができると考えられている。

もう一つは「学習内容を意味づけるときに自分への説明を行う」ことである。これは自己説明（チー、二〇〇〇。望月、二〇一九）と呼ばれる方法である。学び手が自分自身に対して説明を行うには、自分なりの一貫した理解を構築する必要があり、その理解に基づいてメタ認知が働くことでより深い理解ができると考えられている。

これら二つの学びの支援法は、メタ認知を働かせるための支援法でもある。次は、対話的な学びのなかでメタ認知が学びを深化させるプロセスについて授業例からみていこう。

## 3節　メタ認知による対話的で深い学び

著者（岡本、二〇〇四）は、兵庫県のA小学校の先生方とメタ認知を生かした授業のあり方の研究に取り組んだことがある。ここでは、小学校二年生の体育における対話的な学びの実践例を紹介する。

単元名は「パスパスドッカーンゲーム」といい、ハンドボール型の創作ゲームを行う体育の授業である。ボール運動は得意な子どもと得意でない子どもの差が表れやすいが、このクラスの子どもたちの取組みにも差異がみられた。また、二年生という年齢段階でもあ

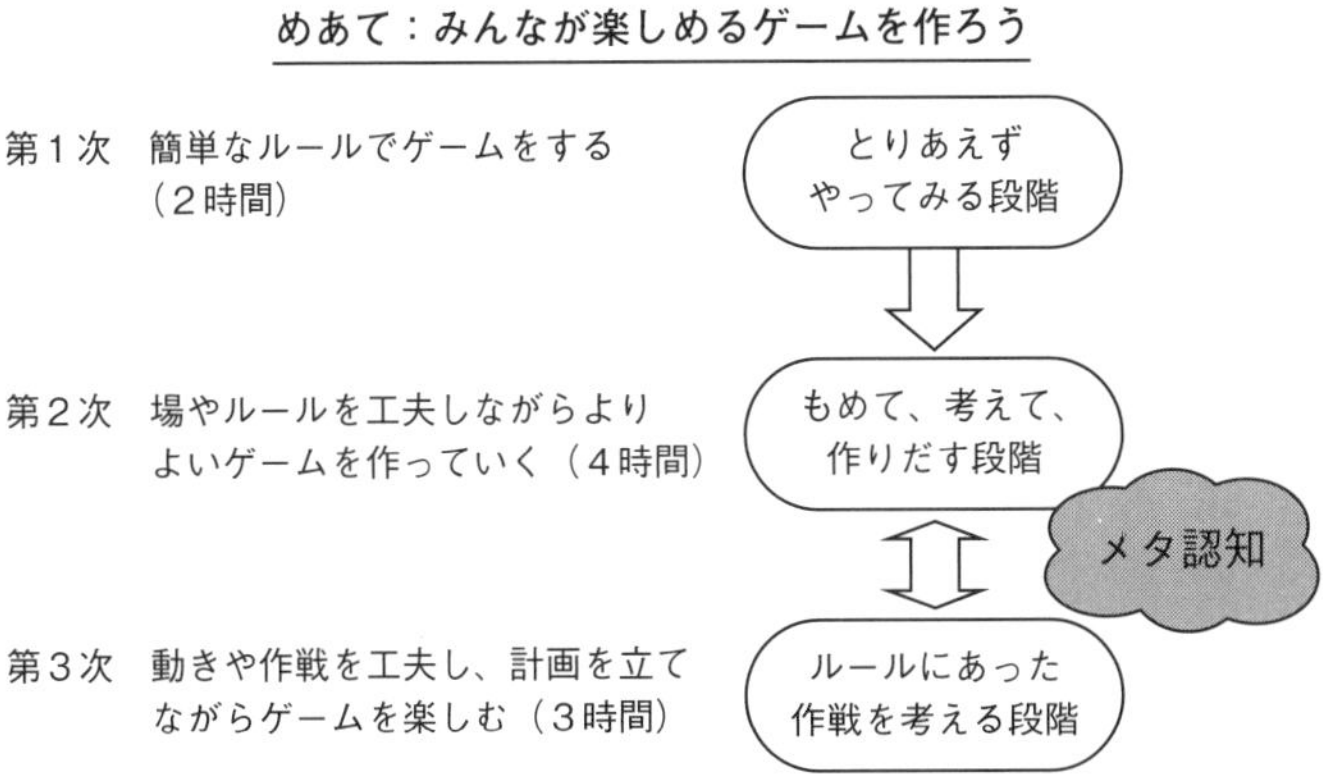
めあて：みんなが楽しめるゲームを作ろう
第１次　簡単なルールでゲームをする（２時間）
とりあえずやってみる段階
第２次　場やルールを工夫しながらよりよいゲームを作っていく（４時間）
もめて、考えて、作りだす段階
メタ認知
第３次　動きや作戦を工夫し、計画を立てながらゲームを楽しむ（３時間）
ルールにあった作戦を考える段階

**図3　パスパスドッカンゲームの授業の構成**

り、仲間のよいところを自分に生かしていくような態度がみられないという点に担任教師は課題を感じていた。

この授業における担任教師のねらいは、①得意な子どもも得意でない子どももボール運動の楽しさを感じ、意欲的にボール運動に取り組む、②クラスの全員が楽しく参加できるルールを考えることができる、の二つであった。そこで、ルールを子どもたちが自ら作りかえられるボールゲームを題材に「みんなが楽しめるゲームを作ろう」をめあてとした授業実践を行った。

この授業の構成は、図3に示したように三つのパートに分かれている。第一次では、最低限のルールだけを決めてゲームを実施したが、やはり得意な子どもだけがボールを扱う姿がみられた。

そこで、第二次ではクラスを三つのグループに分け、ゲームをする二グループと、ゲームを外から見るグループを設定した。見るグループの役割は、ゲームを外から見て、授業のめあてである「みんなが楽しめているか」を指摘することであった。すると、「みんなが楽しめるように、全員にパスが回ってからゴールしたときは二点にする」「運動の得意・不得意の差がでにくくするために、ボールを持っている人は動けないようにする」というルールが提案されるようになった。第三次になった頃には、見るグループの指摘に基づいて、それぞれのグループがルールをもとにうまい作戦を考えるようになる姿がみられた。結果として、この授業実践を通してみごとに授業のねらいが達成できたが、この授業を参観していた岡本は、子どもたちがゲームに夢中になりながらも、ルールや作戦を自分たちで考えて修正していく姿に驚かされた。というのも、前章で説明したとおり、低学年の子どもたちは、メタ認知が未熟なために自分の学習活動を俯瞰してみることができず、学習活動を修正することはむずかしい。そのことを考慮して、この授業では仲間の目をメタ認知の代わりとして利用する手だてを用意していた。

図4にパスゲームにおけるルールや作戦を修正していくプロセスを示したが、コートの外で見る活動が重要な役割を果たしていることがわかる。二年生の段階では、ゲームに参加しながら、ゲーム戦略や動きのモニタリングを行うことはむずかしい。そこで、外からゲームを観ている仲間が戦略や動きの問題点を監視したり修正点を指摘したりする役割を

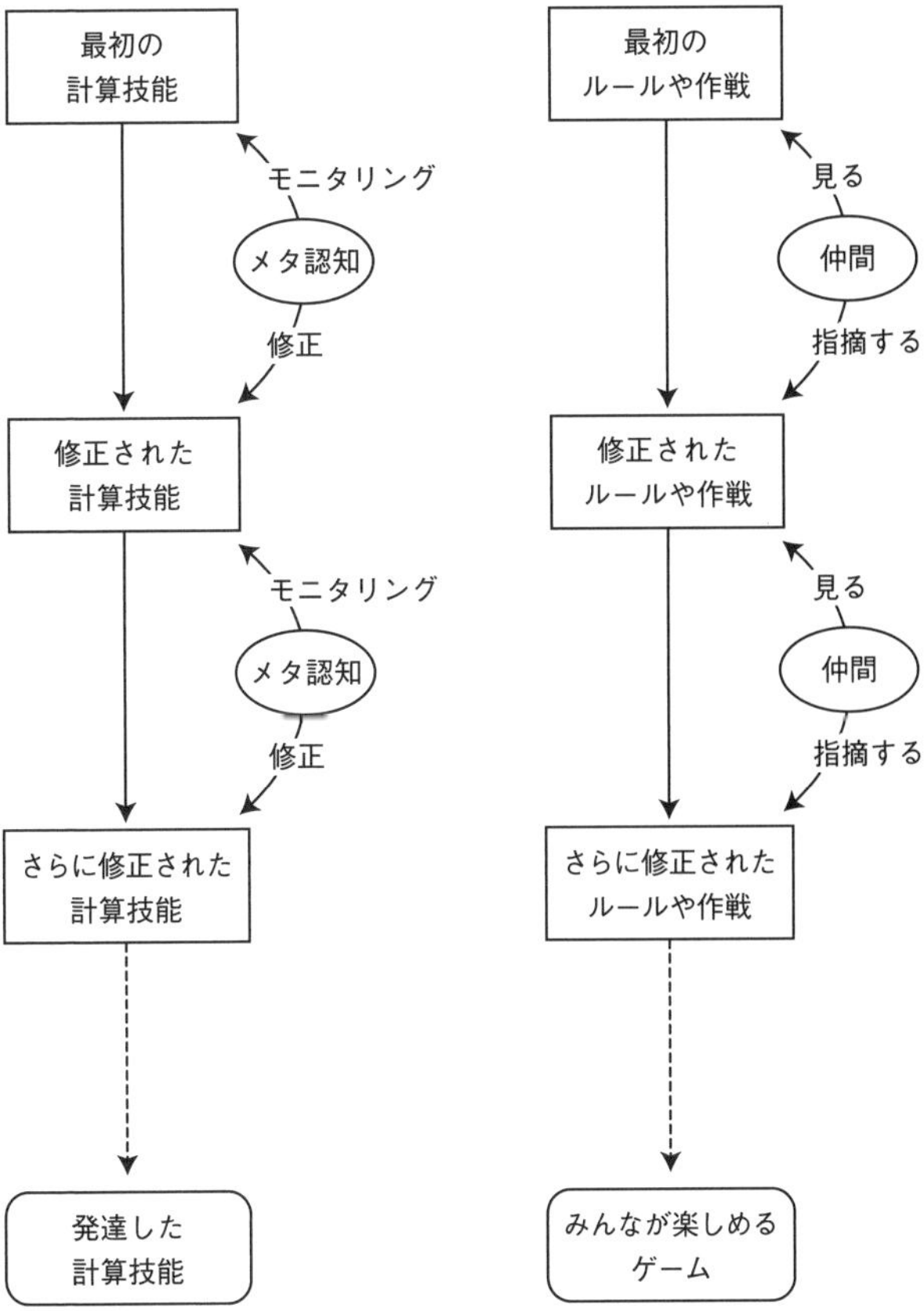


b. メタ認知（自己内対話）を通して
計算技術を高めていくプロセス
(高学年・中学生)

a. 仲間の目と対話を通して
パスゲームのルールや作戦を
高めていくプロセス（2年生）

**図4　対話を通して学びを深めるプロセスとメタ認知**

果たす。
自分でメタ認知を働かせることがむずかしい年齢や状況では、仲間や教師をメタ認知の代替として利用することが有効である。この実践では、二年生が仲間の目と対話を通してルールや作戦を修正し、みんなで楽しめるゲームをクラス一体となって作り上げたことがわかるだろう。

図4のbは、一〇歳ごろを過ぎてメタ認知が発達してきた年齢段階での計算技能の習熟過程を表したものである。小学校高学年から中学生になると、メタ認知が発達し、自分が計算に取り組んでいる様子を俯瞰して監視し、修正するプロセスを繰り返して計算技能に習熟していくことができる。パスパスドッカーンゲームを実践した子どもたちは、メタ認知が未熟なため仲間をメタ認知の代わりに利用していたのである。a、b二つの図を見比べればわかるとおり、異なった技能の習熟過程ではあっても基本的な構造は同じだと考えられる。

まとめると、小学校の低学年ではメタ認知を仲間や教師が代替するような手だてを指導に取り入れることが有効である。高学年以降では、子どもたちが自分でメタ認知を働かせられるような指導が必要になり、前節で紹介した自己説明などは有効な手だてとなる。

ここまでメタ認知の観点からパスパスドッカーンゲームの授業実践を考察してきたが、このゲームは対話的な学びの実践であり、創造的活動への参加が思考力や表現力を高めることを示している。この実践では、みんなが楽しめるゲームをめざすためにクラス全員での話し合いが必要となる。ゲームに勝ちたい子ども、みんなの参加を重視したい子ども、それぞれの立場から自分の考えを表現することで意見の対立点が明確化し、それを解消するために考えるというプロセスを繰り返す。また、ルールはどんどん作りかえてよいことが事前に示されているため、子どもたちは新しいルールを創造していく。このような学習活動が、パスパスドッカーンゲームを子どもたち自身のものとし、優れた実践をもたらしたといえる。

授業の三年後、この授業を指導した担任教師と出会ったとき、「あの子たちは五年生になったけれど、『またパスパスドッカーンゲームやろう』ってまだ言いますよ」と教えてくれた。数年たっても子どもたちの心に残っている授業であるということは、それだけ子どもたちの成長につながった授業であったということではないだろうか。

付記：本章で紹介した「1001㎤の立体を作ってみよう」「パスパスドッカーンゲーム」の授業実践は、宝塚市教諭の西浦信治氏が授業者、岡本が助言者として行われたものであり、西浦氏の許可を得て紹介した。ここに記して、お礼を申し上げます。

**引用文献**

・Paavola, S., Lipponen, L., & Hakkarainen, K. Models of Innovative Knowledge Communities and

Three Metaphors of Learning. *Review of Educational Research*, 74, 2004
・大島純「学びのメタファ」大島純・千代西尾祐司編『学習科学ガイドブック』北大路書房 二〇一九年
・Bruer, J.T. *Schools for Thought: A science of learning in the classroom*. The MIT Press. 1993（松田文子・森敏昭監訳『授業が変わる』北大路書房 一九九七年）
・Mayer, R.E. *The promise of Educational Psychology*. Pearson Education. 2002
・大島純「外化」大島純・千代西尾祐司編『学習科学ガイドブック』北大路書房 二〇一九年
・Chi, M.T.H. Self-explaining: The dual processes of generating inference and repairing mental models. In R. Glaser (Ed.), *Advances in instructional psychology*. Lawrence Erlbaum Associates Publishers. 2000
・望月俊男「自己説明」大島純・千代西尾祐司編『学習科学ガイドブック』北大路書房 二〇一九年
・岡本真彦「小学校におけるメタ認知を生かした学習活動を目指して」『平成15年度宝塚市立西谷小学校研究紀要』二〇〇四年

# 6章

# 「ワーキングメモリ論」からみた学びの深化のプロセス

ワーキングメモリは、脳内における視覚や聴覚のような感覚レベルの処理から、中央実行系と呼ばれる高次の認知処理にいたるまで、情報を保持しながら処理するメカニズムを解明する理論である。子どもの学びを捉える際にも、同様の認知メカニズムが生起しているので、この理論から学びを深めるプロセスの解明を一歩前進することが期待できる。

本章では、1節の解説を受けて、2節では算数の文章題、3節では視覚的情報による学びの処理を取り上げ、学びの深化プロセスを説いていく。4節では、語彙力や読解力などを題材にワーキングメモリの個人差に応じた学びの指導を論じ、5節ではトレーニング効果に関連づけて学びの深化の可能性にまで言及している。

# 1節　思考・行動を支えるワーキングメモリ

次のような場面を想像してもらいたい。

子どもたちはこれまでお絵かきをしていた。教師は、子どもたちに対して次のような活動の指示を行う。

「描いた絵は教室の横に並べて置いて、使った道具は道具入れにしまってください。次の活動で使うはさみを用意して、先生のところに来てこの紙を持って行ってください」

すると、ほとんどの子どもは教師の指示どおり絵を適切な場所に置いて、片づけをして、はさみを出して教師のもとへ新しい材料を取りに行くという行動をとった。

しかし、児童Aは、絵を置くということはしたが、お絵かきの道具を片づけることはできず、次に使うはさみを出すこともしていなかった。しばらくうろうろしてから、ほかの子どもが教師のもとに集まっているのを見て、教師のところから材料を持って行った。

（以上、ギャザコール・アロウェイ、二〇〇八より改訂）

なぜ児童Aはこのような行動をしたのだろうか。まず思いつくのは、児童Aが話を十分に聞こうとしていなかったという可能性である。しかし、絵を置いたり、次の活動に必要な材料を持って行ったりする行動をとっているので、活動に参加する意思がまったくないわけではない。ここでは、児童Aは話を聞いていたけれどもうまく行動できなかったという可能性を考えてみたい。

話を聞いて行動するには、教師が話した内容を頭の中で覚えておき、その内容を使いながら実際の行動を行う必要がある。このように頭の中で情報をもちつづけるための作業場のことを心理学では「ワーキングメモリ」と呼んでいる。児童Aはワーキングメモリがうまく働かず、必要な情報を頭の中の作業場にもちつづけることができなかったと考えられる。それにより指示されたことを適切にできなかったのである。

必要な情報を一時的に頭の中に保持するという状況は、子どもが指示を聞く場面だけでなく、頭の中で情報を操作する活動全般で生じる。例えばいまこの本を読んでいるときも、授業が進んでいるときにも、頭の中で「いま」必要な情報を使って、何らかの思考や活動を行っている。

ワーキングメモリはよく机の比喩で説明される。何か新しいテーマについて調べて考えるために、資料を机に広げてノートにまとめたり、机の上で文章を書いたりすることがあるだろう。しかし、資料を広げるには限界があり、別の作業を行うにはいま使っていた資料やノートは机からいったん片づける必要がある。ワーキングメモリも、この机と同じように情報を一時的に保存して処理を行う場として利用される。しかし情報を際限なく扱うことはできず、ごく一部の情報のみ扱うことができるのである。

## (1) 情報の保持と処理

頭の中の作業場とはどのようなものかというイメージをもってもらうため、ワーキングメモリの測定にかかわる課題を紹介したい。

ワーキングメモリの測定では、たんなる情報の保持ではなく、情報を保持しながら同時に情報を処理することを要求されることが多い。例えば、数桁の数字の並びを音で聞いて覚えたあとに、逆順で思い出して声にだすといった課題である。この課題では、何桁までうまく課題を実行できたかによってワーキングメモリの力を測定している。

実際、単純に単語を保持する「短期記憶課題成績」よりも、保持と処理を同時に要求する「ワーキングメモリの課題成績」のほうが学業成績と関連することが報告されている。つまり認知的な活動では、単純な情報保持よりも、同時にほかの処理も行うワーキングメモリが重要な働きをすると考えられる(ギャザコール・アロウェイ、二〇〇八)。

初めに紹介した児童Aの例では、教師の指示という「言語的な情報」が用いられているが、私たちの頭の中では言葉だけを扱っているわけではない。例えばどこかに出かける際は、地図を見て、それを頭の中で思い描きながら目的地にたどり着こうとする。もし地図を覚えていなかったり、途中で地図を忘れてほかのことに気をとられたりすれば、道を間違えてしまうだろう。言語的な情報だけでなく、地図のような「視覚的な情報」も私たちが思考するときに利用される情報の一つとなる。

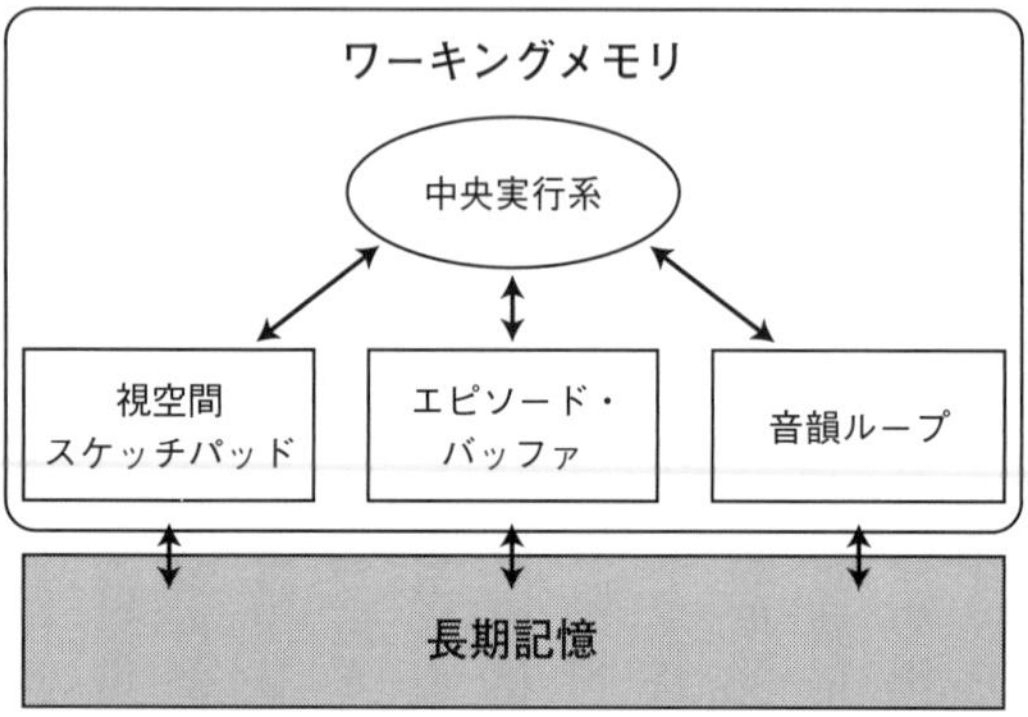


図1　ワーキングメモリモデル（Baddeley, 2000より改訂）

## （2）ワーキングメモリのモデル

言語的な情報と視覚的な情報は、同じ一つの机ではなく、それぞれ異なる机の上に保存されると考えられている。ワーキングメモリの構成要素を示したモデル（図1）では、言語的な情報は「音韻ループ」、視空間的な情報は「視空間スケッチパッド」と呼ばれる保管庫に短期的に保存される。この保管庫がこれまで机に例えて考えてきた作業場と対応するものとなる。

また、「エピソード・バッファ」という要素もワーキングメモリの構成要素として考えられている。エピソード・バッファは、言語的な情報と視空間的な情報を統合して取り扱うところである。音韻ループ、視空間スケッチパッド、エピソード・バッファは外界から入力された情報を短期的にとどめる保管庫になる。

そのほかに、中央実行系と呼ばれる情報処理の制御を行うものがある。これは、どの情報をどのように処理するかという注意の配分などの働きをするものである。なお、長期記憶に送られた情報は構造化して長く保持され、必要になったときに利用される。

このような情報処理をスムーズに進めるため、ワーキングメモリのさまざまな実行機能が検討されている。特に「更新」は、学びにおいても重要な働きをする実行機能である。

## 2節 算数文章題解決とワーキングメモリ

算数の文章題からワーキングメモリの働きについて考えよう。算数では、計算ができても文章題は解くことがむずかしい子どもがいる。文章題は単純な計算問題よりも情報が増えるので、ワーキングメモリへの負担が大きくなることが考えられる。では、文章題で負担が増えるというのは、どのようなプロセスによるのであろうか。

メイヤー・ヒガーディ（一九九六）は、算数における文章題の解決過程を次の四つの段階に分けることを提案している。①文章題の各文の意味を理解する変換段階、②個々の文章の意味をまとめて文章全体についての理解をつくり上げる統合段階、③つくり上げられた理解から解決方法を探し、計画する計画段階、④解決方法を実際に実行する実行段階、の四段階である。

## （1）算数文章題とワーキングメモリ

森・岡本（二〇一七）は、前述した解決過程の中の、①理解、②統合、③計画の三段階についてワーキングメモリの学びのプロセスを検討した。そして、ワーキングメモリの実行機能として更新に着目し、学びのメカニズムの実験的研究を行った。「更新」とは、問題解決のなかで情報をモニターしながら、古い情報を捨てて新しい情報を加える働きのことである。

算数文章題を解決する過程には、単文の理解に加え、内容の統合や計算の計画のプロセスも含まれており、学びを深めるプロセスの解明には格好の課題となる。この見通しから、「変換」「統合」「計画」に分けて実験計画を立てた。

なお、ワーキングメモリの働きや実相を知るため、特に「更新」の実行機能を重視した。むずかしい文章題に取り組んでいると、問題で問われていることを理解できずに途方に暮れることがあるだろう。そのような場合、次々に入ってくる文章題の情報を読み取り、それらを関連づけながら思考できるかどうかが問題解決の鍵となる。このように、情報をモニターしながら古い情報を消去し、適切な情報をワーキングメモリ内に保持することが「更新」である。これはワーキングメモリの重要な実行機能とみなされている。

右に述べた二つの論点を中心にこの研究を紹介しよう。

この研究では、大学生を対象としてコンピューター上に提示される算数文章題を解く実験を実施した。大学生を対象としたのは、実験に入る前の文章題を解決する力の有無が子どものように大きく影響する恐れがないと考えたからである。

まず、更新機能の測定について説明したい。本研究では、音韻領域と視空間領域をそれぞれ利用した更新機能の個人差を測定した。それぞれの課題の詳細は次のとおりである。

音韻的更新機能の課題は、コンピューター上に文字が一文字ずつ表示されるものである。文字の長さは五～一一文字であり、参加者は終わりから近いほうに四文字だけを声にだすことを求められる。例えば、「い」「む」「な」「け」「ほ」と一文字ずつ順番に表示された場合には、五文字目が表示された際に一番古い「い」を頭の中から消し去り、「むなけほ」という最新の四文字のみを声にだすことになる。

一方、視空間的更新機能の課題では、画面上に一〇個の四角が表示される。そのうち一つだけが黒い四角であり、画面の表示が切りかわるたびに黒い四角の位置が変更される。参加者は、黒い四角の位置がN回前の表示と同じ位置かどうかの判断を求められる。本研究では、2回前（N＝2）の表示位置と同じかどうかを判断する課題をおもに用いた。

統合段階におけるワーキングメモリの働きを調べるには、統合の困難さを操作することで、更新の働きの高低による統合の困難さの変化を検討する必要がある。そのため、文章題の解決そのものには不要な情報を含む問題（過剰情報問題）と、含まない問題（必要情報問題）の二種類を用いて実験をした。過剰情報は頭の中での統合を困難にするものの、単文の読みやすさや文章題の解決に必要な計算には影響しないためである。

　実際の実験では、問題文を一文ずつ画面上に表示し、参加者のキー操作により自分のペースで文章を前後に移動しながら読めるようにした。そして、文章を読み理解をした段階で、キーを押すと表示される複数の式から正しい式を選択するという課題であった。それにより、算数文章題の変換、統合、計画の三つの段階に対応した読み時間を測定した。

　なお「変換」は各文から情報を取り入れる段階であり、表示される各文を読む時間から変換時間を測定した。「統合」は各問題の最後の文である質問文を読んでから、式を表示するキーを押すまでの時間を測定した。これは、質問文を読んで問題で何が問われているかを読み取ったあと、問題全体の一貫した理解を構築する時間に対応するからである。また、式を表示してから選択するまでの時間を「計画」時間として測定した。

### （2）「更新」と学びの深め方

　分析の結果、変換時間と統合時間の両方で必要情報問題に比べて過剰情報問題のほうが長い時間が必要だった。そして、この過剰情報の妨害による影響と更新課題成績の関連を分析した結果、変換時間は視空間での更新課題の成績が高いほど過剰情報の影響を受けにくく、統合時間は音韻領域での更新課題成績が高いほど過剰情報の影響を受けにくいことがわかった。

注目すべきは、統合の処理における更新機能の働きであった。統合段階では、とり入れた情報を適切に関連づけて理解する必要がある。そのため、問題にあった理解を構築できていない状態から、情報を適切に関連づけて一貫した理解を構築した状態へと変化させなければならない。統合時間が音韻的更新機能の影響を強く受けたのは、そのプロセスがワーキングメモリの音韻領域を利用した言語的な操作によって行われたためであると考えられる。統合は文章題解決のなかでもっとも重要な段階であるので、そこにワーキングメモリの更新機能が関与しているという結果は、更新機能の高さが文章題解決にとって非常に重要であることを示しているだろう。

次に、統合における更新機能の働きをより詳細に理解するため、ワーキングメモリ上から過剰情報がどれほど消去されているかを調べた。もし更新機能が統合段階で働いているならば、過剰情報のような不必要な情報はワーキングメモリ上から消去していることが予想される。検証の結果、統合が終わった時点では、更新機能が高い参加者ほど過剰情報が必要情報に比べて消去されている状態であった。このことから、文章題をうまく理解するには、解決に必要な情報のみをワーキングメモリ内で取り扱い、理解を深める力が重要であるといえる。つまり、更新の働きに負担をかけずに問題を理解できれば、更新機能の低さによって引き起こされた算数文章題の理解のむずかしさを解消することができると考えられる。

前述した二点から、ワーキングメモリの更新機能が学びの深化に関与していることは明らかであり、この機能を伸ばす指導方法の工夫が求められる。

実際の学習場面で更新の負担を減らす一つの方法として、問題解決の最初に質問文(「何を求めるのか」という質問)を読むことがあげられる。これにより、問題文を読む前に、問題をどのように理解すればよいのかを知ることができる。実際、質問文をさきに提示する問題のほうが、あとから提示する問題に比べて簡単であることを示す研究も報告されている。質問文をさきに読むことで、問題を理解するための枠組みである問題スキーマを活性化し、スキーマに基づいて情報の統合ができるようになる。

したがって、子どもが更新に困難をかかえている場合、情報を統合するうえで不必要な情報を減らすような指導のデザインが重要になるだろう。これも学びの深め方である。

## 3節　読解・マルチメディア対応とワーキングメモリ

### (1)　読解とワーキングメモリ

ワーキングメモリが密接にかかわるのは算数学習だけではない。ほかの教科でも算数と同様に重要な働きを果たす。例えば国語では、文章を読解していくなかで文章内容に関する一貫した理解を構築していく。算数の文章題とも共通するが、国語の読解ではより多くの文章を読んで情報をワーキングメモリに保持し、さまざまな情報を関係づけながら全体的な理解を進めていく。

私たちが文章を読むとき、書かれている内容を既有の知識をベースに理解していくことになるが、そこでは、長期記憶されている既有知識から文脈に関連する情報を取り出し、ワーキングメモリで処理していく。ワーキングメモリに十分な余裕があれば、文章の内容から一般的な知識を適切に利用して、全体の理解を構築することができるだろう。

また、「これ、その、あれ」などの指示語を含む文章を理解するには、その指示対象を保持しながら適切に対応しなければならない。したがって指示語と指示対象が離れていると、より長い時間保持する必要が生じ、ワーキングメモリへの負荷が高くなってしまう。

湯澤・湯澤（二〇一四）では、ワーキングメモリが有効に作動するように導くことによって、①複数の文の情報を統合したり一般的知識から推測したりすること、②代名詞などの指示対象を推測すること、③未知な言葉の意味を文脈から推測すること、④文章を正しく読めているか自分の理解をモニタリングすること、の四つの読解スキルが支えられることを指摘している。

## （2）マルチメディアとワーキングメモリ

近年はデジタル環境の発展とともに視覚的情報を取り扱うことが増えている。かつての言語的な情報に頼っていた教材提示や指導法が、視覚的な画像・動画や、インタラクティブな教材を使うように変化してきているのである。文章を読んで内容をしっかり理解するだけではなく、言語的な情報と視覚的な情報を組み合わせて理解するような思考が必要になるだろう。

そうしたなかで、文字情報だけでなく視覚的な情報（図示など）を利用すると理解が促進される効果が示されてきた。その一方で、図の提示が理解をむずかしくしてしまう側面も明らかになってきた。例えば、文章で書かれている内容と関連することが図で示されている場合には、文章のどの要素が図のどこと対応しているのか、といったことを理解しながら図を見ることが負担を増加させうるためである。

メイヤー（二〇二〇）は、言語材料と視覚材料といった異なる入力経路に基づいて情報を処理するモデルをマルチメディア学習の文脈で示している（図2）。このモデルでは、言葉や絵・図といった情報は、聴覚や視覚などの感覚器官を通して入力される。そして、感覚器官で受け取った情報から必要な情報が選択され、ワーキングメモリで取り扱う情報となる。

言葉は音声として聴覚を通して入力されることもあれば、文字として視覚を通して入力されることもある。文字として提示された言葉は、視覚的なイメージからワーキングメモリ内で音声化されることになる。

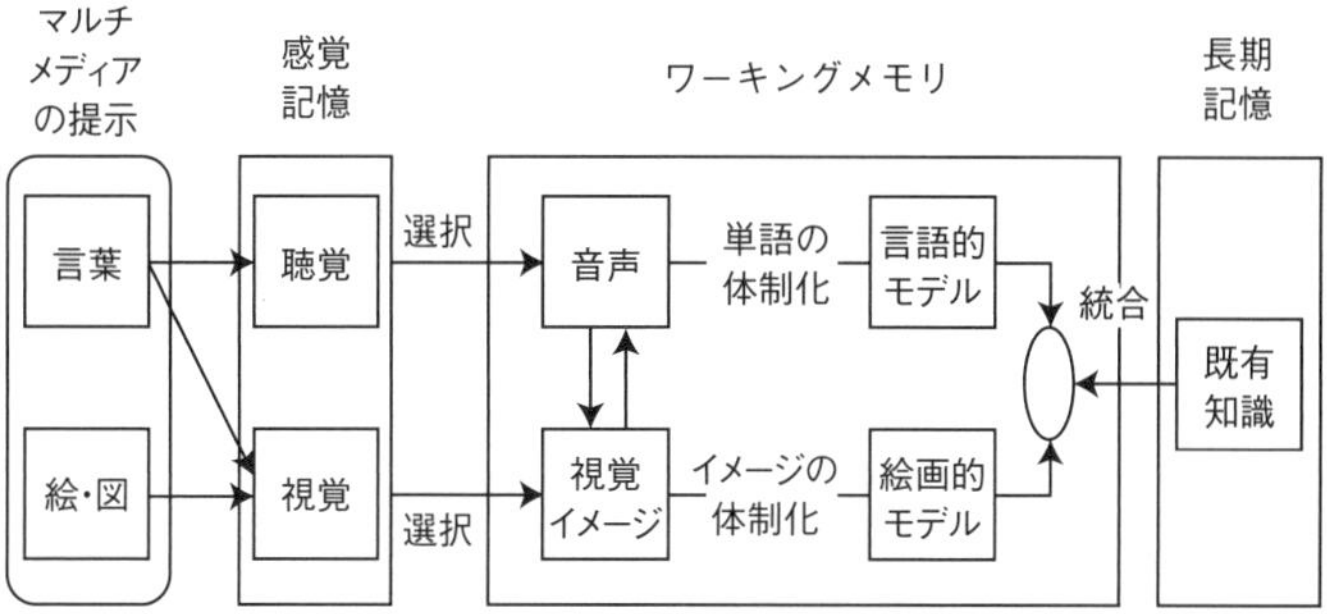


図2　マルチメディア情報とワーキングメモリ（メイヤー，2020より改訂）

一方、絵や図といった情報も視覚を通して入力される。ワーキングメモリのなかでは、音声に基づく情報や視覚イメージに基づく情報はそれぞれ体制化が行われ、言語的モデルと絵画的モデルが構築される。

体制化とは、選択された情報を一貫した認知的な構造に整理する働きをいう。最終的には、言語的モデルと絵画的モデルが統合される。その際には、現在提示されている情報だけではなく、長期記憶内の既有知識も統合されると考えられる。

言語的モデルが不十分であっても、絵画的モデルと一貫した理解を形づくることで、私たちの理解がより促進されると考えられる。しかしながら、ワーキングメモリ内でこのような統合に負荷がかかってしまう場合は、理解が阻害される要因となる。例えば、文章と図の距離が遠く離れている場合である。距離が遠い場合には、文章を読んで言語的なモデルを構築したあと、それを一定時間保持しなければならない。ワーキングメモリが弱い場合には、図を見るときにはすでに言語的なモデルが保持できておらず、また文章を読み直す必要がでてくるかもしれない。

メイヤー（二〇二〇）は理論や実証的な根拠に基づき、よりよい学習が成立するための原則を一五個ほど提案している。それは、①興味をひいても不必要な文字や図を取り除くこと、②重要な情報を目立たせること、③図と文字と音声を同時に提示せず、図と音声だけにすること、④文字と図を時間的または空間的に近接させること、といった内容である。

## 4節 ワーキングメモリの個人差と学びの深め方

ワーキングメモリで一度に扱える情報の量には限界があるが、この容量は年齢があがるにつれて発達していくことが知られている。つまり大人の側からみれば、子どもは一度にわずかな情報しか保持できないということになる。何個、というのは課題によっても変わってくるが、ワーキングメモリで扱うことができる情報の量は、大人と子どもでは大きな違いがある。

また、年齢によるワーキングメモリ容量の違いだけではなく、同年齢であっても容量には個人差があることが知られている。小学校くらいの子どもでは、同年齢の上位一〇％

と下位一〇％の間で六歳程度の差が生じる場合もあると考えられている。クラスのなかにワーキングメモリ容量に六歳もの差がある場合には、同じように情報を提示してもその理解のしやすさはまったく異なることがわかるだろう。この個人差が、ワーキングメモリへの負荷に対処できるかどうかの差につながり、学習をうまく進めることができる子どもとできない子どもを分ける背景となってくる。

また、ワーキングメモリは長期的な知識や能力の獲得にもかかわることがある。その一例が言語の獲得である。ワーキングメモリが弱い子どもと優れている子どもでは、一つ一つの単語の学びやすさに違いが生じるが、その違いは累積的に大きくなっていく。結果として語彙力に大きな差が生じ、読解力にも影響していく。

つまり、学習環境がワーキングメモリの弱さに配慮されていないと、いまその問題を解けないだけでなく、長期的な学習機会の損失にもつながりかねないのである。子どものワーキングメモリが弱い場合には、それに不必要に負荷がかからない学習環境になるように配慮する必要があるだろう。

大人は、子どもにはたくさんのことを学んでもらいたいという思いが働くものである。しかし、子どもへ求める課題は一度に一つにするなど、学ぶ内容を焦点化することがワーキングメモリに配慮するうえで有効な観点だといえる。

例えば、読解力向上のために知らない単語がたくさん入った文章を読むという学習を考えてみよう。このような複数の課題（読解＋新しい言葉の獲得）を同時に求める課題では、新しい単語をすぐに覚えられれば読解にも力を注ぐことができるが、単語を覚えるところでつまずくと、読解を進められなくなってしまう。文章の内容理解にも力を注ごうとすると、新しい単語を覚えるという課題はいっそう困難になる。

ギャザコール・アロウェイ（二〇〇八）は、ワーキングメモリに配慮した授業への介入として、①情報の量を減らす、②情報に意味をもたせ、慣れ親しませる、③心的な処理を単純化する、④複雑な課題の構造を変える、⑤進んで繰り返しを行う、⑥記憶補助ツールの使用を促す、といった方法を提案している。①や③④はワーキングメモリで扱う情報の量そのものを減らすことにつながり、②や⑤では、長期記憶の助けを借りながら情報を処理することにつながっている。また、ワーキングメモリ内だけで処理をするのではなく、外部の補助ツールを利用することでワーキングメモリによるつまずきを回避して、学習をよりよく進められる場合もある。

これからは、ワーキングメモリに個人差があるという視点をもって学びを指導することを心がけてほしい。子どもにとって負荷の大きすぎる指導を行うのではなく、子どもの認知的な要因に配慮した指導へと改善するのである。その結果として、困難そのものを低減させるだけでなく、子どもが自尊心を低下させることがないように導いてほしい。

## 5節 ワーキングメモリのトレーニング効果の実相と学びの深め方

ワーキングメモリがより多くの情報を扱えるように、トレーニングによって容量を大きくしようという試みが行われてきた。例えば、ワーキングメモリの課題の一つとして知られているNバック課題というものがある。Nバック課題では、刺激が連続して現れてくるが、いま見ている刺激がN個前の刺激と同じかどうかを判断することを求められる。

このNバック課題を多く練習すると、ワーキングメモリを鍛えることができるように思われる。しかしながら、トレーニングはワーキングメモリそのものを増大させる効果をもたないことが研究によって示されてきている（坪見ら、二〇一九）。

トレーニングの効果を考えるには、トレーニングによってNバック課題などのトレーニングと類似した課題の成績がどの程度向上するのかという観点が必要になる。また、トレーニングによって向上が期待される能力（この場合はワーキングメモリ）と連動して、トレーニングとは類似していない課題成績が伸びることも考えられる。

トレーニングそのものと近い課題で成績が向上することを近転移、トレーニングとは類似性が低い課題においても成績が向上することを遠転移と心理学では呼んでいる。ワーキングメモリの研究では、トレーニングで用いた課題成績の向上など近転移は生じるものの遠転移は生じないことが報告され、現在ではワーキングメモリトレーニングには実効性はほとんどないと考えられている。

坪見ら（二〇一九）には、ワーキングメモリ論は複雑な高次認知を説明するシステムとして提案されたものであり、言語理解、読解、算数では注意や感情の制御能力が大きく関与する複雑な課題であると述べられている。そしてレダーら（二〇一六）の研究を引用し、アメリカの大学生に中国語の学習をしてもらい、学習が進むにつれて中国語を用いたNバック課題の成績が向上したという研究結果を次のように説明している。

学習が進むと中国語に関する知識が長期記憶化される。中国語をワーキングメモリ内に保持することに多くの制御能力を使う必要がなくなると、その分をNバック課題という課題の解決に向けることができる。だからNバック課題の成績が向上したものと考えられる。

このように、ワーキングメモリは「覚えて、保持する」という仕事と「複雑な課題を解決する」という仕事を同時並行的に進めるメカニズムであり、限りある制御能力をどのように分配するかが鍵になっている。ワーキングメモリそのものが増大せずとも、課題で扱う学習材料の長期記憶化が進むと、右に説明したように「覚えて、保持する」という仕事から「複雑な課題を解決する」という仕事へ制御能力が分配される。レダーらの研究では、そのようにして複雑な課題の成績が向上し、学びが深化したといえる。

## 引用文献


・Gathercole, S.E.,& Alloway, T.P. *Working Memory and Learning: A Practical Guide for Teachers.* SAGE. 2008（湯澤正通・湯澤美紀（訳）『ワーキングメモリと学習指導』北大路書房　二〇〇九年）

・Baddeley, A.D. The episodic buffer: A new component of working memory? *Trends in Cognitive Sciences*, 4, 2000

・Mayer, R.E.,& Hegarty, M. The process of understanding mathematical problems. In R.J. Sternberg & T. Ben-Zeev (Eds.), *The nature of mathematical thinking*, Erlbaum, 1996

・Mori, K.,& Okamoto, M. The role of the updating function in solving arithmetic word problems. *Journal of Educational Psychology*, 109, 2017

・湯澤正通・湯澤美紀『ワーキングメモリと教育』北大路書房　二〇一四年

・Mayer, R.E. *Multimedia Learning (3rd edition)*. Cambridge University Press. 2020

・坪見博之・齊藤智・苧阪満里子・苧阪直行「ワーキングメモリトレーニングと流動性知能」『心理学研究』九〇巻　二〇一九年

・Reder, L.M., Liu, X.L., Keinath, A.,& Popov, V. Building knowledge requires bricks, not sand: The critical role of familiar constituents in learning. *Psychonomic Bulletin & Review*, 23, 2016

# 7章 「個別最適化」によって学びを深める

時間をかけて一人一人の子どもの学びの実態を観察すると、いろいろな能力やタイプの違いに気づくことがある。いま提唱されている「学びの個別最適化」は、このような視点から、画一化された学校教育に改善を促そうとしているものである。学びの自由化に向けては、多様な試みが報道されているが、急激な変革は子どもにも学校にも大きな負担をもたらす側面がある。そこで本章では、学びの原点に戻って、より実践しやすい改革の進め方を論じることにした。

1節では、授業の形態と指導・支援のあり方を取り上げ、一人一人の子どもの学び方に応じた授業の改善策を考え、理念だけでなく実際の授業を論じた。続く2節では、授業以外の学びとして、自己調整学習論による個別学習を実例に即して説明した。そして最後の3節では、急速に普及が進んだICTを取り上げ、個別最適化に向けてどのように活用すべきかを論じた。

# 1節　課題選択学習と求同求異が学びを深める

古い話になるが、ドイツの授業論のなかで「授業の内的分化」という概念が取り上げられ、わが国でも一時論じられたことがある。筆者は、一回の授業を単位にして内的分化すると時間的余裕がなくなるので、数回以上の授業構成で展開する単元（題材）を単位にして内的分化を考えるべきであると主張したことがある。

また中国の華東師範大学教授の鐘啓泉氏と話し合った場で「求同存異」という言葉を耳にした。「なにごとでも共通した面と異なる面を兼ね備えている」という中国古来の考え方とのことであった。この考え方は教育における「個性化」にも通じると思ったので、一文字だけ入れ替えて「求同求異」という教育論を提唱した（北尾、二〇〇八）。

「求同求異」の教育論では、単元の内的分化を進めて一斉学習と個別・グループ別学習という二つの形態を組み合わせ、前者は求同教育、後者は求異教育を行うという提案を行った。求同教育において、どの子どもも身につけるべき知識や技能を学び取り、それをベースにして自分の考えや興味・関心による課題を選んで学ばせる求異教育を行うという構想である。その構想を実践の場で生かした授業例を次に紹介する。

その一つとして、上原（二〇〇八）は中学二年数学「平行四辺形」の単元の後半で観点別の単元テストを実施し、学びの達成度（三段階）に応じて、補充・深化・発展の課題別に学ぶ時間を設けていた。

発展課題を選択した生徒たちに「はとめ返し」の課題を見せ、「なぜ平行四辺形になるのか」と重々しい口調で問いかけていた。生徒たちはやや緊張した表情を見せながらも教師に真っ向から問いかけ、グループ内でも厳しい対話が続いていた。

その二つめとして、杉山（二〇〇七）では、中学二年社会「イギリスEU諸国」の単元を右に述べた事例と同じように展開していた。そして課題選択では補充問題（白地図上に地名やEU加盟状況の記入）、深化課題（人口やGNIなど各種資料に基づくヨーロッパ諸国の識別）、発展課題（当時のトルコがEUに加盟できない理由）が用意されていた。

発展課題を選択した生徒たちを前にして、その教師は「トルコはヨーロッパなのか、アジアなのか」と、不思議そうな顔をして問いかけた。生徒たちは驚きを隠さず、緊張した面持ちで資料調べに取り組んでいた。

筆者はこの二つの授業を参観し、生徒たちが生き生きとした表情で学び、深い洞察による考えを自ら発表しているのに驚いた。「自分で課題を選ぶこと」「自分のペースで取り組むことができること」が、求異教育の長所であることが実証されていたのである。しかし前時までの授業は従来どおりの一斉授業であり、それでよいのかという疑問も残る。そこで授業後に個別にインタビューして確かめたところ、「このような課題選択学習が始まってから、一斉授業でしっかり基礎を学ぶようになった」と回想した生徒が多く、個別最適化は「求同」と「求異」の二重構造で達成できることを実感した。

なお、このような授業の構造的な側面だけでなく、授業のなかで一人一人の子どもに教師がどのようにかかわるかも重視してほしい。授業の形態だけでなく、個別の指導・支援のあり方についても「求同求異」の考え方を教育実践に浸透させる必要がある。さまざまな場面で教師と子どもの接触があり、どこで最適化が進むかは判断できないが、その積み重ねは大きな違いとなって子どもに還元されるのではなかろうか。

本書の3章4節でも取り上げた京都市の小学校で授業研究を一〇年にわたって指導したことがある。いま振り返っても印象深い体験であるので、私の記憶に基づいて紹介したい。個性教育の研究指定を受けたことが端緒になって授業研究を行うようになった学校であるが、教師たちの熱意が牽引力になり実践が順調に進んだ。

授業研究会に出席して驚いたのは、「求同」と「求異」という言葉が飛びかい、熱気が議論を盛り上げていたことである。「この場面では、まず求同で全員がわかるように説明する必要があるのでは」「この課題はむずかしいから、難易度に応じた個別の目標を立てる求異の配慮がほしい」などの意見が次々と出された。

求同求異論のなかでも、目標にかかわるものが教師にとってわかりやすかったようである。体育の飛び箱の段数を個人ごとに変えるとか、算数の文章題を複数用意し、自分の力に合った問題を解かせることを重視する教師が多かった。これらは目標の求異である。

しかし研究会を重ねるにつれて、学び方をどう導けば「求同求異」の教育になるかに重点が移っていった。むずかしい問題であってもすべての子どもに理解してほしいという願いから、個人ごとの学び方を変えるという方法の求異的対応が注目されるようになった。本書の1章3節で説明したような段階的に学び方を発展させる指導法に重点が移っていったのである。

飛び箱であれば、飛べるかどうかわからない程度の段数から試み、そばに教師が立って手助けして成功させ、その自信からさらに段数を増して挑戦させていた。算数の場合は1章3節の例のように、やさしい解き方から順に段階を踏んで高次な考え方へと学びを進めることを重視していた。目標の求異よりも、学び方の求異が指導の鍵であることに気づいたのである。

ここまでは筆者も予想していたことであったが、その後、予想外の問題に直面した。それは学び方の「求同求異」を進めるには、一人一人の子ども理解を深めておく必要があることに気づいたのである。研究会でもそのような発言が多くなり、参観していた授業風景からもそのように推察できた。公開研究会の授業後に参会者の一人が授業者に「最前列の男児を厳しく注意しておられたが、いつもそうですか」と問うていた。そうするとその教師は「あの子は他人が見ていると目立ちたくなるんですよ。いつもはあれほど言いません」と答えていた。自己顕示欲の強さまで日頃の指導で捉えていたのである。

また演劇発表の場で、司会役の子どもが舞台に上がる際に、教師が背中に手を沿えてひとことだけ言葉をかけていた。あとで聞くと、人前で過度に緊張する子であるとのことであった。一人一人の性格までも理解していなければ、個に応じた「求同求異」を実践の場で導くことができないのである。

## 2節　自己調整学習によって障害児の学びを深める

授業だけでなく、課外の個別の支援によって最適化を進めることも重要である。その際、認知理論の助けを借りて計画を綿密に練り上げ、その子に適した支援策を立案しなければならない。ここでは、自己調整学習論に基づく支援を、ＬＤ児の事例を中心にして紹介する。

後藤・吉田（二〇二三）には、自らの書字障害を成人後に振り返って考察した事例が紹介されている。表1～3がその記録である。自己調整学習の第一段階は予見段階と呼ばれ、自己調整学習の遂行に先行して活動の下準備が行われる。この事例では表1のとおりであり、書字を繰り返すだけの練習に終わり、より適切な学習方略に気づくことなく、落胆と混乱の状態であった。

表1　ひたすら取り組んだ反復学習―小学校3年生以前を振り返って（後藤・吉田，2023）

|  |
| --- |
| 小学校は公立学校通常学級に通っていました。小学校3年生のときには、ひらがなやカタカナ文字を読むことはできましたが、書きにつまずきがありました。担任によってはかなり多くの書く宿題が出されていました。書く宿題ができないことを学校に相談すると別の学校に行ってくださいと言われるのではないかと思い、課題がむずかしいことを相談することがあまりできなかったです。<br>休み時間も、ひたすら繰り返し書く学習を行っていました。繰り返すことのみが勉強であり、それ以外の方法を知らなかったのだと思います。学習を見てくれていた家族からも「がんばればできるよ」「そのうちできるようになるよ」といった声かけが多かったです。私も「がんばればできるよね？」「そのうちできるようになるよ」といったと尋ねることが多くありましたが、ほんとうにできるようになるのか混乱している状態があり、何かしっくりするものがありませんでした。 |

表2　特性に応じた書字支援による学び方の意識化―小学校4～6年生を振り返って（後藤・吉田，2023）

|  |
| --- |
| 小学校4年生から都内の大学で書字学習支援を受けるようになりました。当時は、書けるようになるのであれば、藁をもつかみたいという気持ちでした。大学では、視空間認知に苦手さがあること、言語に置きかえて覚えることや色に関する能力があるから生かせることを伝えられ、漢字の構成部品を言語的な情報に置きかえて、言いながら覚えたり、色を意識して漢字の構成を分析したりする学習に取り組んでいました。<br>「私自身の努力が足りないからではなく、視空間認知の苦手さがある障害なんだ。支援も受けられるんだ」ということがわかり、できなくて困っていることやつらさが改善できるかもしれないし、やれるだけのことはやってみたいという気持ちが生まれました。 |

表3　学び方の意識化がもたらした強みについて―中学生を振り返って（後藤・吉田，2023）

|  |
| --- |
| 自分の認知特性に応じた書字学習の方法が理解できたことで、中学生のころには都道府県の学習や筆算の学習にも取り組んでみようと思い始めました。私は地図を読むことが苦手であったため、テレビで報じられる天気予報がわかりませんでした。そのため、私だけ傘を持っていなくて困ってしまうことや、反対に晴れているのに私だけ傘を持っていて恥ずかしい思いをしました。都道府県がわかるようになることで、天気予報がわかるようになると思い、その気持ちを大学教授に伝え、都道府県について学ぶ教材を作ってもらい学習を進めました。そこで用いた教材でも、各都道府県の特産品や名所などの意味的情報や場所の覚え方の言語的な情報を手がかりとして学習しました。ほかにも、数学の筆算に苦手さがあったため、筆算での計算を行う際、色情報を活用できる強みを生かして、ペンで上段に色別の印を付けて位取りがわかるようにしたり、色情報を付与した方眼紙を使って筆算を行うなど、どのような手続きであれば課題ができるのかについての学習をしました。 |

しかし、第二の遂行段階に入ると、表2のとおり、都内の大学で書字学習支援を受け、視空間認知に障害があるが、色への優れた能力（強み）を生かした支援策が採用された。漢字を構成する絵画的要素を色分けして提示することや、その漢字の構成部分に言語（音声）的な情報を付与した支援が行われた。この支援によって成功経験を重ね、達成感を抱くようになった。

その後、中学生になって第三の自己内省段階に入り、表3のとおり認知特性に応じた解決方略を選択し、積極的な学習態度がみられるようになった。書字以外の課題でも達成の度合いを適切に自己評価できている。

この事例は成人後に振り返り冷静につづったものであり、自己調整学習の段階をどのようにたどりながら自分の学びを調整してきたかがよくわかる。そこで上淵（二〇〇四）の総括的記述の四項目について、どのような理論がどのように活用されたかを説明すると、以下のようになる。

**①動機づけ**

自己調整学習では内発的動機づけが重視され、それぞれの段階において自ら学びの場を選んで試みる必要がある。前述の事例においては、都内の大学での学習支援を自ら進んで受けたり、方略習得後も積極的に学ぶ態度を示したりするなど、この動機づけ機能が有効な対応策を決めている。この動機づけに関しては、9章2節でも解説しているので参考にしていただきたい。

**②メタ認知**

メタ認知では、自己の認知状態についての知識、課題の遂行時におけるモニタリングとコントロールが重要なポイントである。前述の事例は自分の苦手と得意をよく心得ているようであり、第二の遂行段階では得意面を活用しようとしていることから、4章と5章に説明されているメタ認知のメカニズムを重視した自己調整学習の理論が生かされている。

**③行動**

行動の統制に関しては、おもに学習時間の増減や努力量の調整がこの理論では取り上げられている。課題の難易に関する予測に応じて自己調整しなければならないが、前述の事例は「やれるだけのことはやってみたい」という本人の自発的な言葉がつづられていた。この点から時間をかけて行動の調整に努力していたと推定される。

**④文脈**

学びの自律性といっても、実際は他者との相互作用のなかで身につくものであり、いろいろな文脈（関連性）を生かす必要がある。前述の事例では、家族の励ましや大学教授との交流という文脈が生かされている。

ここで紹介した事例には、動機づけ論、メタ認知論、行動調整論、社会的相互作用論（文脈）を巧みに組み合わせて自己調整が進められている。一つの理論だけで学びの壁を乗り越えさせるのはむずかしいので、壁の特徴に応じた複数の理論の組み合わせを重視すべきである。

## 3節 ICTによる個別最適化が学びを深める

個別最適な学びを推し進めていくと、最終的には子ども一人一人異なる学びを提供することになる。しかし、2章や5章で述べたように他者との対話のなかで学ぶことも重要であり、個別の学びだけでは教育の目標は達せられない。また、実際の教室では教師が一人で教えていることが多く、完全な個別指導を実現することはむずかしい。しかしながら、ICTをうまく活用できれば個別最適な学びの部分をある程度はコンピューターにまかせることができる。本節では、ICTを活用して個別最適な学びを提供する指導の工夫を紹介する。

### (1) 補充的な学習を支援するICTの活用

すべての子どもが当該学年の学習内容を完全に習得して次の学年へと進んでいくことが理想であるが、実際にはその目標を達成できずに、結果として未学習のまま次の学年への進級する子どもも少なからずいる。このような状況は子どもが学習のつまずきを抱えるこ

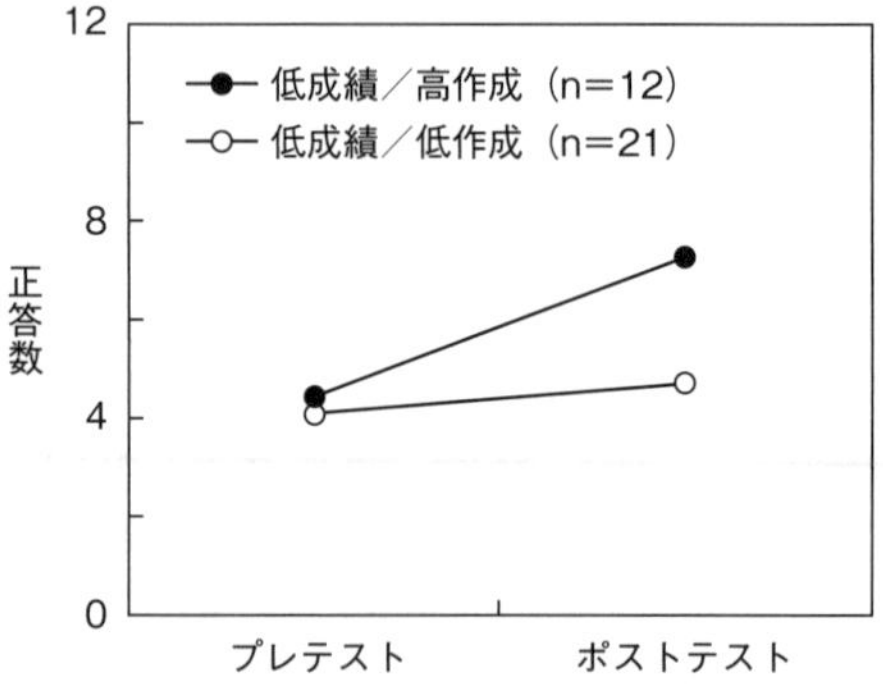


**図1　モンサクン利用前後の成績の推移（横山ら，2007より作成）**

とにつながるので、補充的な学習によってできるだけ早期に解消しておくことが重要である。

横山ら（二〇〇七）は、彼らが開発した「モンサクン」と呼ばれる算数文章題の作問学習を行う学習システムが小学校低学年の算数の補充的な学習に役立つことを報告している。

モンサクンは、子どもがパソコンの画面上にある文を組み合わせて、算数文章題を作成していく学習システムである。横山らは、モンサクンをインストールしたノートパソコン二台を約二か月間教室の後ろに置き、休み時間などの休憩時間中に子どもたちが自由に使えるようにした。研究に参加したのは小学二年生だが、約四割の子どもは一年生で学習した文章題をうまく解けない状況にあり、補充的な学習が必要と考えられた。

図1に、これらの事前テストで文章題の成績

の低い子どもを問題作成率が高い子と低い子に分けて成績の推移を示した。図1をみるとモンサクンを用いた学習の効果は顕著であり、モンサクンで問題をたくさん作った子ども（低成績／高作成）の成績は上昇し、あまり問題を作らなかった子ども（低成績／低作成）の成績はそのままであった。二か月間、授業でモンサクンは使用されておらず、成績の伸びは、休み時間の子どもたちの自主的・補充的に行った学習の効果ということになる。

モンサクンを用いた補充的な学習が効果をもつ要因は二つある。第一に、モンサクンが文章題を解く課題ではなくて、問題を作る課題であることである。算数が苦手な子どもは解けないから苦手なのであり、苦手な解く課題に取り組むよりも問題を作る課題のほうが取り組みやすかったといえる。第二に、モンサクンにはAIが組み込まれていて、間違いに応じた修正のポイントを示してくれることである。この二つめの要因が個別最適な学びのポイントである。最近の教育システムはITS（知的教育システム）と呼ばれるが、知的とはAIを搭載したという意味である。教育システムにおけるAI技術も飛躍的に進歩しており、答えの正誤判定に加え、誤答分析を行って間違いの種類に応じた指導が可能なものも多く開発されている。これらは個別最適な学習の保障に役立つだろう。モンサクンの最新バージョンi3Monsakun（二〇二四年時点）はタブレット上で動作し、一人一人の子どもが学習しやすいシステムとなっている。

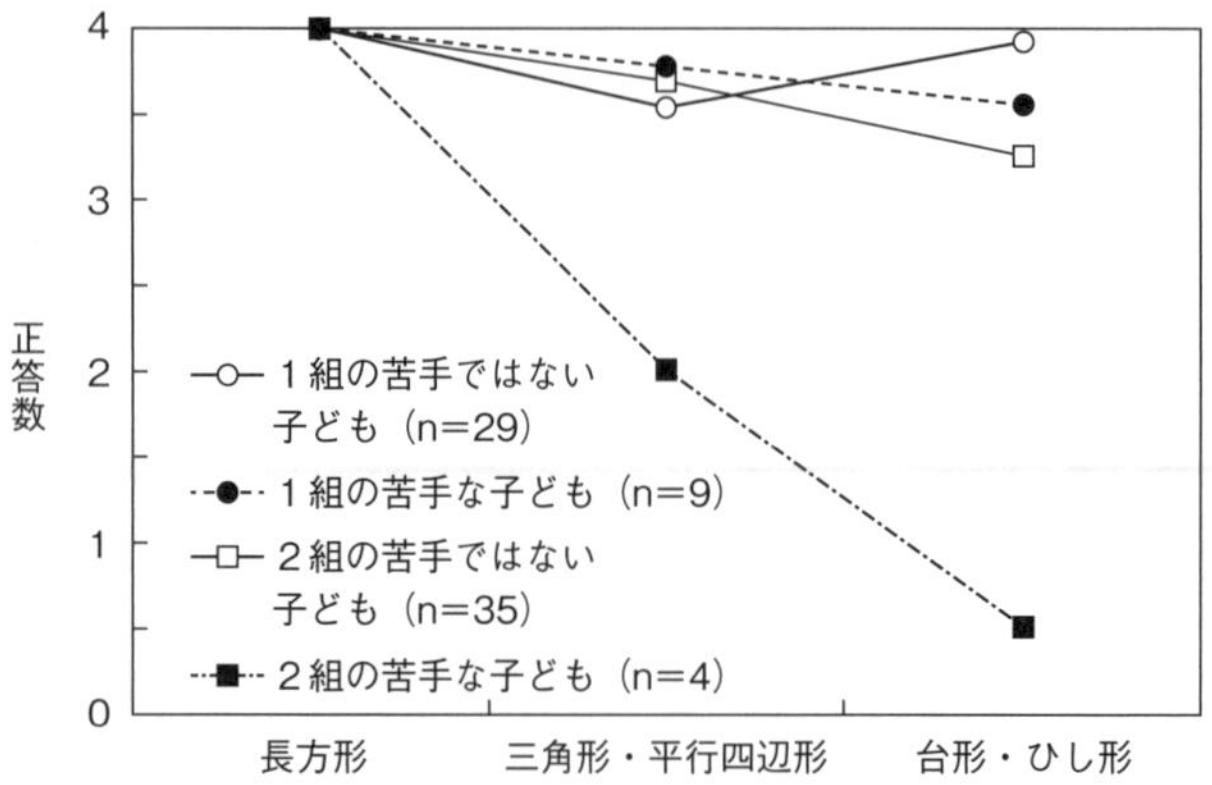


**図2　スキーマプライミングテスト実施における得点の推移（蒲田ら，2015より作成）**

## （2）授業を個別最適化するためのICTの活用

モンサクンは個別最適な指導をコンピューターに任せる例であるが、次は教師が行う授業そのものを個別最適化する手だてとしてICTを活用する実践を紹介する。

瀬田ら（二〇一五）は、スキーマプライミングテストと呼ばれる長方形の単元において学習の進みぐあいを形成的に評価するICT教材を作成した。スキーマプライミングテストはiPod上で動作するシステムで、子どもが片手で持って使える程度の小さなタブレット教材となっている。

瀬田らの実践研究においては、授業は教師が通常の一斉授業を行い、単元の区切りごとにスキーマプライミングテストを使って形成的評価を行うことで、成績推移を調べた。

一般に、算数の苦手な子どもは単元が進むにつれて理解が遅れていき、成績が低下していく傾向がある。この研究では、研究上特に注目する子どもとして、数名の算数の苦手な子どもを担任教師に選んでもらい、学習の進みぐあいを調べている。

図2に結果を示したように、どちらのクラスでも算数が苦手ではない子ども（○と□）は、小単元ごとの形成的評価の得点は満点の四点程度を維持して単元の最後まで順調に学習が進んでいることがわかる。これに対して、二組の算数が苦手な子ども（■）の得点推移をみると、単元進行とともに徐々に得点が下がり、最終的な到達レベルは不十分な状態であるが、一組の算数が苦手な子ども（●）をみると、算数が苦手ではない子どもと同様の高いレベルで単元の学習内容を習得できている。

このようなクラスによる違いは、スキーマプライミングテストの利用頻度と教師による指導の違いであると報告している。一組ではスキーマプライミングテストを形成的評価として使うだけでなく授業で繰り返し利用していたが、二組ではそのような反復利用を行っていなかったのである。この違いは指導の最適化となって現れ、一組の教師は子どもたちがスキーマプライミングテストに解答する様子を横で見てどこでつまずいているかに気づき、「授業のなかで指導をやり直した」と研究後のインタビューに答えていた。

学びの個別最適化では、指導の方策を個別最適化することの重要性が指摘されることが多いが、指導を最適化するためにはその前の評価が重要である。その評価にICTを活用することで効率的にクラス全体や一人一人の子どもたちの不得意部分を把握することができ、指導の個別最適化につながる。ICTを評価に利用することで評価資料がデジタルデータとして蓄積されるため、継続的な学習の様相を把握しやすくなったり、ほかの教師との共有が容易になったりするなどのメリットもある。今後はこれらのメリットを生かして学びの個別最適化につなげていく必要がある。

**引用文献**


・北尾倫彦『授業改革と学力評価』図書文化　二〇〇八年
・上原昭三「個に応じた指導の工夫」『指導と評価』五四巻、二〇〇八年
・杉山伸一・神野学「単元別評価を取り入れた地理学習の工夫」『日本地理教育学会第五七回大会研究発表資料』二〇〇七年
・後藤隆章・吉田佐保子「自己調整学習に基づく自己の強みの意識化」『心理学ワールド』一〇〇号、二〇二三年
・上淵寿『動機づけ研究の最前線』北大路書房　二〇〇四年
・横山琢郎・平嶋宗・岡本真彦・竹内章「作問学習支援システムの小学1年生での利用報告」『教育システム情報学会誌』二四巻　二〇〇七年
・i3Monsakun 算数文章題の作問学習支援システム　http://www.learning-engineering.co.jp/

monsakun.html
・瀬田和久・島添彰・森兼隆・岡本真彦「スキーマプライミングテストを用いたスキーマの形成と縦断的評価」『電子情報通信学会論文誌D』J98-D巻 二〇一五年

# 8章

# 子どもの「道徳的感情」を育てる学びの深め方

3章では、学びのプロセスに、感情や意欲が深くかかわっていることを述べた。子どもの感情を直接的に扱う学習場面は多くないが、その一つに「道徳」がある。道徳の時間が「特別の教科　道徳」となって久しい。しかし、道徳教育はその複雑な歴史的文脈からか、十分な学問的知見を伴う実践がなされてきたとはいえない状態にある。本章では、最新の学術的な研究成果に基づいて、道徳教育における学びの深め方を論じたい。

道徳的感情の学びを深めることは、不登校、いじめや自殺、ブラック校則など、学校の諸問題を解決することにもつながる。そのキーワードは「実感」である。

# 1節　道徳教育の必要性と可能性

学校教育において子どもの道徳的感情の発達を支援する必要性が高まっている。いじめ、不登校、いわゆるブラック校則等の問題がマスメディアでも大きく取り上げられている。これらは現在の学校が、子どもにとっても教員にとっても安心して勉学に励むことができる場所とは言いがたい状況にあることを示している。

このような学校の危機的状況を受け、特に学校における重篤ないじめの問題に対処するために、文部科学省（二〇一七）は学習指導要領の改訂を行った。改訂によって「道徳」は一つの教科となり「特別の教科　道徳」となった。その後、移行期間を経て小学校では平成三〇年から、中学校では平成三一年から「特別の教科　道徳」は全面実施されている。

さて、「特別の教科　道徳」の内容項目は、大きく次の四つに分けられている。

①主として自分自身に関すること（善悪の判断など）
②主として人とのかかわりに関すること（親切、思いやり、感謝など）
③主として集団や社会とのかかわりに関すること（公正、公平、社会正義など）
④主として生命や自然、崇高なものとのかかわりに関すること（生命の尊さ、感動、畏敬の念など）

このように「道徳」は教科となり、授業時間が確保され、（内容はともかく形式としては）確実に実施されている。そして感謝や親切や社会正義といった道徳的感情までも学校現場で取り扱うことになったのである。

しかし、これらの道徳的感情を学校現場でどのように教授すればよいのであろうか。八幡（二〇一六）によると、道徳の時間自体は昭和三三年から設置されており、歴史は長いが、他教科と比較すると重要視されておらず、授業時間もきちんと確保されてこなかった。教える側の教師自身も学校で道徳を学んだ経験が少なく、大学の教職課程においても道徳についての指導法は教授されなかった。そのため、かつての道徳の時間は副読本を子どもたちに読ませ、物語の登場人物の気持ちを理解するよう促すのみにとどまることが多かったようである。残念ながら、子どもの道徳的感情についての知識の獲得や、怒りなどの感情制御の支援としては十分に機能してこなかったと言わざるを得ない。

これから学校現場において子どもたちの道徳的感情を育むには、たんに経験に頼るだけでなく、学問的な知見を手がかりに教授することが求められる。そこで、本章では教育における道徳的感情の役割に注目し、教育現場で求められる道徳的感情の学びについて述べたい。そのため、道徳的判断と感情の役割、あたたかい人間的関係性、感謝の大切さ、当事者意識とルールの四つの柱から論じることにした。まずは、道徳教育において感情を扱う意味を進化論的心理学の視点から考えることにしよう。

## 2節　感情の役割を再評価する

道徳教育を考えるとき、感情を考慮しなければならない理由は何か。感情は私たちの道徳的思考や判断にどのように影響しているのであろうか。

かつて感情は理性を妨げるものとして捉えられてきた。例えば「感情的な人」というと、身勝手で論理性を欠くようなネガティブな印象をもたれがちである。しかし、感情は農耕社会になる以前の野生環境では優れた適応行動選択システムとして役立っていたと考えられており、次のとおり再評価されている（戸田、一九九二）。

野生環境において人間は肉体的には弱い存在であり、爪や牙ももたず、体毛に覆われているわけでもなかった。そのため人間の周囲には危険が常にあり、例えば熊が急に襲ってきた場合に人間は生き延びるために迅速に対処できなければならなかった。このときに人間に素早く「逃げる」という対処行動を選択させたのが「恐怖」という感情であり、私たち人間の感情システムはこのような文明以前の環境に適応するように進化してきた。しかし、「文明化」による環境の大変化が起こった現代では、人間の感情システムが環境変化に追いついていないのである。

そこで、「トロッコのジレンマ」という道徳的課題を紹介して考えてみよう。暴走したトロッコが五人の作業員に向かっていく。このままトロッコが進めば五人に衝突してしまう。彼らを救うには、転換機のスイッチを押してトロッコの進路を変え、別の一人の作業員を犠牲にする方法しかない。この課題で「一人を犠牲にして五人を救うために進路を変えてトロッコを走らせるべきか」と問われると、ほとんどの人は「イエス」と答える。

道徳的課題には「歩道橋のジレンマ」という課題もある。あなたは、線路にかかる歩道橋の上で見知らぬ男性の隣に立っており、迫ってくるトロッコと五人の間にいる。五人を救うには、この見知らぬ男性を橋の上から線路に突き落とすしかない。男性は死んでしまうが、彼の死によって五人の作業員の命を救うことができる。この場合、ほとんどの人は見知らぬ男性を突き落とすことに「ノー」と答える。

いずれの課題も五人を救うために一人の命を犠牲にすることには違いがない。それなのになぜ「トロッコのジレンマ」で一人の作業員を犠牲にすることは許容され、「歩道橋のジレンマ」で見知らぬ男性を線路に突き落とすことは許容されないのだろうか。この道徳的疑問を解き明かすため、参加者の脳の状態を測定して感情喚起の強さを捉えようとした研究がある。

グリーン（二〇〇一）は、「トロッコのジレンマ」と「歩道橋のジレンマ」の違いについてｆＭＲＩの脳スキャンで調べた。その結果から、「トロッコのジレンマ」のように転換機を操作して一人の作業員を死に追いやるといった間接的に人に危害を加えるジレンマより、「歩道橋のジレンマ」のように自分の手で直接的に相手を死に追いやるジレンマのほうが、脳の感情に関連する領域が活性化することが明らかになった。

つまり、自らの手で歩道橋から男性を突き落とすことは、転換機を操作してトロッコの進路を変更するより感情が激しく喚起されており、この感情的な脳の反応の違いが、人々の道徳的判断に影響を及ぼしていることが明らかになったのである。

人類の歴史のなかで、道具を使って間接的に人を傷つけることが可能になったのはごく最近のことである。そのため、私たちは目の前にいる人を直接傷つけることには感情が動かされ、強い抵抗を感じる。しかし、遠い外国で災害や戦争に対峙している人々や、インターネット上の顔も見たことのない人々に対しては、生きている人がそこに確かに存在しているという実感が伴わず、同情や共感などといった感情が生起しにくいのであろう。したがって、学校教育では道徳的判断と感情は深く結びついていることを考慮しながら子どもたち道徳的感情を育てていく必要がある。

ただし今回紹介した「トロッコのジレンマ」のような人の死を扱った課題は、子どもにとっては刺激が強すぎるため、そのままのかたちで学校の授業で扱うことはむずかしい。しかし、このような道徳的ジレンマに出会ったとき、子どもは何がよりよい選択なのかを立ち止まって考える。このような経験が、子どもの道徳性を育てていくのではないだろうか。

## 3節　あたたかい人間的関係性が道徳的感情を深める

### （1）アタッチメントと道徳的感情

子どもたちは家庭や学校でさまざまな道徳的ルールを学ぶ。子どもたちは人を傷つけてはいけないことを知識として知っている。それでも、非行やいじめといった問題がなくならないのはなぜだろうか。

渡辺（二〇一九）は、学校教育では規範意識を強めることに重点がおかれており、道徳的感情についてはは十分に配慮されてこなかったのではないかと指摘している。子どもは、人を傷つけてはいけないとか、物を盗んではいけないなどのルールを大人から学び、知識としてはもっている。

しかし、そのルールを守ろうという気遣いをもち合わせていない場合があるため、いじめなどの問題が生じるというのである。正義感や罪悪感といった道徳的感情が子どもに育まれるには「ルールを理解すること」だけでは不十分で「ルールが守られることを気にかけること」が必要なのである。

バック（一九九九）は、発達相互作用論のなかで道徳的感情の発達について次のように述べている。感情は大きく生物学的感情（向社会的感情、探索感情）と高次の感情（社会的感情、認知的感情）に分かれている。生物学的感情は、生得的に人間が獲得している感情であり、アタッチメント、期待・好奇心などがある。道徳的感情は、高次の感情である社会的感情と認知的感情の両方に基づくものである。

さらに、社会的感情の発達には生物学的感情であるアタッチメントが、認知的感情の発達には期待感情が基本的な動機づけ要因となっている。つまり、アタッチメントと期待感情が組み合わさって道徳的感情が育まれるのである。

子どもには生得的に愛されたいという欲求があり、他者の期待に応えるためにどのような行動をとればよいかというルールを学習し、ルールを守ろうとする。道徳的感情には「ルールを理解すること」と「ルールが守られることを気にかけること」が関係している。これらの両方が発達しなければ、道徳的感情は育まれない。

したがって、子どもにルールに対する知識があったとしても、周囲の人々とのあたたかい関係性が構築されなければアタッチメントが十分に形成されず、社会的感情は発達しない。その結果、ルールを守ろうという気遣いの形成にもいたらず、道徳的感情が育まれないのである。

## （2）クラスでアタッチメントを形成する

道徳的感情を育むには、まずは周囲の大人が子どもに働きかけ、あたたかい人間的関係性を形成しなければならない。学校においても、子ども自身が周囲の人々に大切にされていると感じることのできる経験をし、「大切な人や社会の期待に応えたい」という思いを育てる必要がある。

具体的にどのような活動をすれば、子どもたちにあたたかい関係性を形成し、自分は周囲の人々から大切にされているという実感をもたらせるのだろうか。

渡辺（二〇一九）が小学生を対象に行った友達にあたたかい言葉をかける実践を紹介する。目標は、二週間にわたるあたたかい言葉がけで教室の雰囲気をよくすることである。この実践は、インストラクション、モデリング、リハーサル、フィードバック、ホームワークの順で実施された。実践を成功させるためには、目標を明確にして、その目標に向けて系統立てて進めることが重要である。

まずインストラクションとして、あたたかい言葉が友達に自信をもたせたり、信頼関係を築いたりすることを説明し、日常場面にある具体例を示した。さらに、「すごいね」「大丈夫だよ」といったほめ言葉がたくさん存在すること、それらはむずかしい言葉ではないことを伝えた。次に、モデリングとして、あたたかい言葉によって友人関係がどう変わるのかを、劇や動画で示した。この際、あたたかい言葉がけのよい例と悪い例の両方を見せることで、言葉がけのポイントをより明確にした。

教師は板書などでポイントを整理し、子どもたちが言葉がけの具体的なイメージをもてるように支援した。重要なのは、子どもに実践してもらいたい行動を例示し、具体的に示すことである。

劇や動画でイメージがつかめても、行動として友達にあたたかい言葉がけをするのはむずかしい。そこで「リハーサル」として、実際に友達とあたたかい言葉をかけ合う練習をすることも有効である。このとき、ほめ合いがうまくできたことの「フィードバック」が大切になる。あたたかい言葉がけを仲間にほめられることで自信がつき、次もやってみようという動機づけを高めることができる。重要なのは、教師の説明だけにとどまらず、子どもたちをアクティブに活動させることである。

最後に、子どもたちには次の授業までに学んだことをやってみるようにホームワークを課した。この言葉がけのトレーニングを教室内だけで終わらせず、子どもたちがあたたかい言葉がけを実際の生活場面でも活用することをめざした。

そのあとの二週間、子どもたちは、あたたかい言葉をもらったとき、または自分からあたたかい言葉をかけることができたときに、一つのクラスはシールをポスターに貼り、もう一つのクラスはハート型のスポンジをペットボトルに入れた。このようにして、あたたかい言葉の数が目で見て把握できるようにした。さらに、その日集まったシールやスポンジの数を帰りの時間に日直が発表することで、クラスの全員が言葉がけの数を把握することができた。

二週間後、言葉がけを行ったクラスの子どもたちは、言葉がけを行わなかった統制群の子どもたちより教室が明るく、好ましい雰囲気に変化したと評価した。なお、ハートのスポンジのクラスのほうがシールのクラスより教室の雰囲気がよくなったと評価したことも明らかになっている。目で見てはっきりとあたたかい人間的関係性が構築され、より教室の雰囲気が好ましいものに変化したという実感を強めたのであろう。

## 4節　感謝の大切さの実感が向社会的行動への学びを深める

道徳的感情のなかには感謝という感情があるが、感謝を子どもに教えるのはむずかしい。「感謝しなさい」と大人の側から子どもに求めるのは場合によっては無理がある。なぜなら、感謝は他者とのあたたかいやりとりのなかで自然に湧き上がってくる感情であり、他者から強要されてもつ感情ではないからである。このような感情については、前述の友達にあたたかい言葉をかけ合う小学校の実践のように、方法を工夫して教える必要があるだろう。

日本における感謝の発達的研究はあまり多くないが、藤原ら（二〇一三）が小学生を対象に行った調査によると、感謝の表現には次の四種類がある。感謝の言明、返報行動、伝える際の表現、伝達方法である。また、感謝の言明は返報行動よりも多く、小学校高学年ですでに感謝は言語を通じて行われていた。さらに、藤原ら（二〇一四）は、児童用対人的感謝尺度を作成し、小学校高学年において感謝が強いほどポジティブ感情も高いことを見いだしている。

## （1）感謝と負債感と向社会的行動

人のため、社会のために役立てようとする行動を向社会的行動と呼んでいるが、はたして感謝という感情がそのような行動に結びつくのだろうか。

北村（二〇一八）は、感謝と負債感が向社会的行動に及ぼす影響を調べるために、日本の小学四年生から六年生に質問紙調査を実施した。負債感は子どもには理解がむずかしいことが懸念されたため、友達を援助者として設定したシナリオを作成した。

具体的には、「友達が筆箱の忘れ物を自宅まで届けてくれたが、友達が急いでいたため、お礼を言ったり、何かお返しすることができなかった」という感謝想起場面を設定し、感謝・負債感情・向社会的行動を調査した。その結果、感謝は向社会的行動と正の相関があり、感謝が向社会的行動と関連がある可能性が示唆された。つまり、子どもには日常的に対人的感謝が感じられるような環境を提供することが大切であると考えられる。

さらに、小学生においても「ごめんなさい」という感情や「お返しをしなければならない」という負債感情が生じていることも確認された。このような負債感情は、他者に助けてもらうなどして感謝が生じたとしても、同時に「借りができたので困る」というネガティブ感情を高めてしまう可能性も考えられる。子どもにとって感謝感情をもつことはよいが、負債感情を強く抱かせるのはどうかと危惧される。

市下ら（二〇二二）は、負債感情を伴わない感謝感情が生じる場面を明らかにしており、これは教育場面への応用の手がかりになると思われる。この研究は、感謝の筆記の読みあげの介入が小学生の学校適応に及ぼす効果を検討するため、感謝を人への感謝である「対人感謝」と、こと・ものへの感謝である「非対人感謝」に分けて行ったものである。

対人的感謝群では、感謝したい対象（人）を記入し「私は、昨日、教科書を忘れたときに、貸してくれた、『〇〇さん』に、感謝します」といった例文を複数記載した。一方、非対人的感謝群は「私は、いつも、命を与え、私たちを生かしてくれる『食べ物』に感謝します」といった例文を複数記載した。

さらに感謝の効果を強めるため「感謝の表明」として、感謝の言葉を味わいながら何度か声にだして読み上げ、浮かんだ感情にしばらくひたるよう教示した。子どもたちは三週間にわたり、終わりの会で感謝の表明を実施した。その結果、対人的感謝群の子どもたちは楽観性が上昇し、三か月後もこの効果が持続した。しかし、子どもたちにストレス反応の低下はみられなかった。これは負債感情が生じたからであると解釈されている。

一方、非対人感謝群ではストレス反応が低下していることが確認された。人間以外のものへの感謝は、自分自身の状態を喜ぶことであり、自身を肯定できた可能性がある。このように人以外への感謝を授業などで取り入れることも道徳的感情を育成するうえで重要だと考えられる。

## （2）ロボットで道徳的感情を育めるか

ものへの感謝に関連して、東野ら（二〇二三）の大学生を対象とした興味深い実験がある。この研究では、ロボットからほめられた実験参加者は単調作業のパフォーマンスが向上した。その後、実験参加者はダミー参加者のタスク評価を求められた。その結果、実験参加者はダミー参加者をよりほめることが明らかになった。反対に、ロボットから挑発された実験参加者は、ほめられた実験参加者と同程度にパフォーマンスを向上させるが、不安が高まり、ダミー参加者をほめなくなることが示された。この実験は大学生を対象に行ったものではあるが、子どもに対しても同様の結果が得られる可能性がある。

これからますます高度化する情報社会において、子どもと日常的にかかわることが想定される対話型のAIやロボットの選択にも、周囲の大人は配慮する必要がある。対象が人であっても、ものであっても、それらからていねいに対応されているという実感が身近な人への向社会的行動を促進させる。そして、その実感は「人々がより望ましい状態になるために社会的ルールを守りたい」というルールへの気遣いにつながるのではないだろうか。

## 5節　当事者意識をもってルールを考える

### (1) 約束か状況判断か

身近な人々とのあたたかい関係性を築くことも道徳的感情には重要であるが、狭い範囲の人々だけでなく、より大きな集団が望ましい状態になるためには何らかの社会的ルールが必要となる。しかも、すべてのルールをただ守るのではなく、状況によってはルールに従わないという選択をすることもありうる。

例えば、「人との約束を守る」ということは基本的には守らなければならないルールである。しかし、友達の家でゲームをする約束をしていても、母親が急に発熱すれば薬局に走ることを優先するかもしれない。この場合は、子どもが友達との約束を破ったというよりは、状況によって自分がとるべき行動を柔軟に選択しているとも考えられる。なぜルールを守る必要があるのかというルールの意味を理解しているともいえる。

山岸（二〇〇六）は、小学生がどのような状況では約束を守り、どのような状況ではほかの状況を優先して約束を破棄するのかという観点から、小学生の約束概念の発達について二〇〇三年と一九八一年のデータを比較しながら検討した。具体的には、小学生（二、

### 表1　4つの約束場面（山岸，2006より作成）

①よう子さんは、この間、近くの図書館でやっている「昔話の会」に行ってみました。帰るとき、本を読んでくれた先生が、「来週もみんな来て、続きを聞いてくださいね。約束しましたよ」と言いました。今日は続きをやる日です。次のような場合、よう子さんは図書館へ行ったほうがいいと思いますか。（拘束性なし）
②ゆう子さんの家に、クラスの友達4、5人が遊びに行くと言っています。ゆう子さんはそばにいたけい子さんに「あなたも来ない？」と言いました。そこでけい子さんは、2時に行くと約束しました。次のような場合、けい子さんはゆう子さんの家に行ったほうがいいと思いますか。（緩やかな拘束性）
③ひろし君とたろう君は、隣の町へ引っ越していった仲よしだった友達の家に遊びに行くことにしました。たろう君は友達の家を知らないというので、「2時に駅前で会って、一緒に行こう」と約束しました。次のような場合、ひろし君は駅前に行ったほうがいいと思いますか。（強い拘束性〔対個人〕）
④1組と2組が野球の試合をすることになりました。たかし君はクラスで野球が一番うまく、ピッチャーに選ばれていました。「試合は2時からだから、遅れるなよ」と、キャッチャーのすすむ君が言いました。次のような場合、たかし君は試合に行ったほうがいいと思いますか。（強い拘束性〔対集団〕）

### 表2　4つの約束場面と相反する7つの状況（山岸，2006より作成）

①テレビでとても面白そうなアニメをやっていた。（自己中心的理由）
②お母さんが「遊んでばかりいないで少しは勉強しなさい」と言った。（大人の恣意的命令）
③「お母さんは用があって出かけるから、お留守番してね」と頼まれた。（大人からの依頼）
④「今日はおじいちゃんのお誕生日だから、お祝いに行きましょうね。おじいちゃん、楽しみにしていたわよ」とお母さんが言った。（他者の気持ちが関与）
⑤掃除当番で掃除をしていたが、まだ掃除が終わっていなかった。（集団員としての義務）
⑥お母さんが熱をだし、薬屋さんへ行って薬を買ってくるように頼まれた。（他者〔母親〕の緊急事態）
⑦一緒に遊んでいた友達がけがをしたので、送って行かなければいけなくなった。（他者〔友人〕の緊急事態）

四、六年生）を対象に拘束性が異なる四つの約束場面を設定し、約束を守ることと相反する七つの状況が生じたときにどうするかを三件法で選ぶ質問紙法調査を行っている。

拘束性が異なる約束場面は表1に示す四つである。この四つの約束場面と相反する状況は表2の七つである。これらの四つの約束を守ることと相反する七つの状況が生じたときにどうするかを、「（約束を守って）行ったほうがいい」「どちらともいえない」「（約束の場所に）行かないほうがいい」の三件法で子どもに選ばせた。

その結果から、二〇〇三年の小学生も一九八一年の小学生と同様に、年齢が上がるにつれて拘束性のある約束を守るようになることが示された。さらに、大人から命令されたり、依頼されたりしても、約束を優先して大人に従わない傾向も示された。山岸（二〇〇六）はこの結果について、大人からの圧力に負けずに友達との約束を守るということは大人の意向とは独立に自律的に行動できるようになったとも考えられると述べている。

また、テレビのアニメを見たいという自己中心的理由、祖父の誕生日を祝いたいという他者の気持ちの関与、母が発熱した場合や友人がけがをした場合といった他者の緊急事態については、学年による差はみられない。他者の緊急事態は二年生であっても事態の深刻さが理解できており、約束を破ってでも他者を助けることを優先していると考えられる。

約束を守るかどうかに対する全体的な傾向に関しては、二〇〇三年と一九八一年の小学生とでほとんど差はみられなかった。したがってこの二二年間に関しては、小学生の約束を守るという規範意識が希薄になっているわけではないといえる。

一方、大人からの圧力で約束を破棄する小学生は、一九八一年よりも二〇〇三年のほうが減少していた。すなわち、祖父の誕生日という「他者の気持ち」が関与する状況では、祖父の誕生日を優先して約束を破棄する傾向が強まっていた。さらに六年生では、掃除当番という集団内の義務を果たさず、自分の約束を守る傾向がみられたのである。つまり、高学年になるにしたがって掃除が終わっていなくても約束を守るために掃除をやめて約束の場へ行ってしまう傾向が示されている。

これは、たんにルールを破る傾向が強まったというよりは、他者の気持ちを配慮したり、集団の義務よりも自分が交わした約束を果たしたりするようになっているとも考えられる。しかし、この調査では、約束を破る理由を明確に探りだすところまではいたっていない。今後はインタビューなどの方法も検討しながら、理由を探り、規範意識の変化を捉える必要があるだろう。

## (2) ルールのつくり方と遵守

子どもは発達の初期には親や教師から与えられたルールを守ることが求められる。しかし、発達するにつれてただ与えられたルールを守るだけでなく、子ども自身が他者との対話のなかでルールをつくり、ときにはよりよいものに改変していくことが必要になる。子どもも一緒にルールづくりに参加し、なぜそのルールが必要なのか、もしくは不必要なのかを考える機会があれば、ルールが自分にかかわることとして実感できる。そうすることで子どものルールへの理解はより促進されるのではないだろうか。

荒木（二〇一五）は、子どもたちがルールづくりに参加することで子どもの道徳性を育み、学校の雰囲気を道徳的なものに変えていく取組みとして、コールバーグのジャスト・コミュニティ・アプローチを紹介している。ジャスト・コミュニティとは、「生徒と教師が共に平等な一票をもったメンバーとして、学校運営や学校で生じるさまざまな問題の民主的な解決を図る活動を通じて、個人の道徳性発達と他者に対するケアや集団形成をねらう教育プログラム」である。この一人一票の投票は多数決のためではなく、一人一人が同じ権利をもっていることを意味している。そして、ジャスト・コミュニティでは総意が得られるまで時間をかけて対話することが望まれている。

近年、話題になったブラック校則問題においても、学校側と子どもたちとの対話が求められている。ブラック校則とは、子どもの人権やプライバシーにかかわる不合理な校則である。生まれながら髪の色が薄い子どもや、ウェーブがかかっている子どもに対して、一律に黒染めやストレートパーマをかけることを求めたり、下着の色を指定したりするなどのブラック校則は見直しがなされることなく、長年放置されてきた。その結果、行き過ぎた指導で子どもが心身に苦痛をこうむり、不登校になるなどの問題が起こっている。

この問題を受けて、二〇二一年に文部科学省は全国の教育委員会に不合理な校則の見直しを実施するよう通達した。翌年には生徒指導の基本的な考え方や取組みの方向性等を再整理し、今日的な課題に対応していくため「生徒指導提要」を一二年ぶりに改訂した（文部科学省、二〇二二）。このなかで校則に関連する内容として「教職員が自己評価や内部評価を計画的に行い、児童生徒及び保護者、関係機関などの意見や評価を十分に取り入れて改善策を検討する。また、それらの評価結果や改善案などを積極的に公表するとともに、必要な助言や援助などを要請する」と述べている。さらに、児童会・生徒会活動やクラブ活動のなかで、児童生徒の意見と学校の教育目標などとがぶつかり合う場合は、共に協力し合うことのできる望ましい人間関係を築く態度を育てるよう、計画の段階や活動の場面で教員が適切な指導を行うことを必要としている。このような文部科学省の動きを受け、現在は大都市部を中心に各地でブラック校則の見直しが検討されている。

渡辺（二〇一五）は学校におけるさまざまな問題や危機を予防するため、子どもの社会性や感情の成長のみならず、学校にかかわる全員が安心して楽しく過ごせる学校風土の必要性を指摘している。不合理な校則という問題を子どもたちが教員との対話で解決し、新たな校則のあり方を模索することによって、学校は子どもたちにとっても教員にとっても、より過ごしやすい安心できる場所になる可能性がある。ブラック校則の見直しのような実践的な活動は、子どもたちに自らが学校の一員であるという自覚をもたらし、自分が声をあげることで環境を変えることができるという効力感をもたらすかもしれない。

学校と子どもたちの対話による新たなルールづくりという試みは、教室や学校という狭い範囲にとどまらず、広く地域や社会全般のルールづくりにもつながっている。子どもたちにルールが自分につながっているという実感をもたせることで、教室から外の世界へ、例えば法や政治などの社会システムについても、関心を高めることができるかもしれない。

子どもたちに、他者を理解するために話し合い、公平で協力的な関係を築こうとする姿勢を学んでもらうため、教員自身もめざすべきよりよい学校とは何か、より望ましい社会とは何かを探りつづける努力が求められる。

**引用文献**


・文部科学省『小学校学習指導要領（平成二九年度告示）解説　特別の教科　道徳編』二〇一七年
・八幡恵「道徳の教科化と指導法」『東北学院大学教養学部論集』一七四巻　二〇一六年
・戸田正直『感情：人を動かしている適応プログラム』東京大学出版会　一九九二年
・Greene, J.D., Sommerville, R.B, Nystrom, L.E., Darley, J.M., and Cohen, J.D. An fMRI investigation of emotional engagement in moral judgment. *Science*, 293. 2001
・渡辺弥生『感情の正体』筑摩書房　二〇一九年

・Buck, R. The biological affects: a typology. *Psychological review*, 106. 1999
・藤原健志・村上達也・西村多久磨・濱口佳和・櫻井茂男「小学生における感謝生起状況とその表明についての探索的研究」『筑波大学発達臨床心理学研究』二四巻　二〇一三年
・藤原健志・村上達也・西村多久磨・濱口佳和・櫻井茂男「小学生における対人的感謝尺度の作成」『教育心理学研究』六二巻　二〇一四年
・北村瑞穂「児童における対人的感謝と向社会的行動の関係：発達的視点からの検討」『大阪樟蔭女子大学研究紀要』八巻　二〇一八年
・市下望・野田哲朗「対人・非対人的感謝介入が小学生の学校適応に及ぼす効果に関する検討」『教育心理学研究』七〇巻　二〇二二年
・Higashino, K., Kimoto, M., Iio, T., Shimohara, K., & Shiomi, M. Is politeness better than impoliteness? Comparisons of robot's encouragement effects toward performance, moods, and propagation. *International Journal of Social Robotics*, 15. 2023
・山岸明子「現代小学生の約束概念の発達」『教育心理学研究』五四巻　二〇〇六年
・荒木寿友「モラルの教育」有光興記・藤澤文（編著）『モラルの心理学』北大路書房　二〇一五年
・文部科学省『生徒指導提要（改訂版）』二〇二二年
・渡辺弥生「健全な学校風土をめざすユニヴァーサルな学校予防教育」『教育心理学年報』五四巻　二〇一五年

# 9章

# 「学びの遅れがちな子」の支援による学びの深め方

学びにおいて、定型発達と障害の境界ゾーンにある子どもたちが増えている。そのような境界児も含めて「学びが遅れがちな子」の実態を解明し、支援策を講じる必要がある。北尾ら（一九九二）は、遅れがちな子の調査研究を行っていたので、それに基づいて、子どもの心理的特徴による類型化と類型ごとの学びの動機づけや学びの支援を理論的に解明することにした。

また、障害と判定されても、教科の学びをいつどこまでどのように進めるかの目安が十分に検討されていないのが現状である。そこで、ＬＤ児の学習のつまずきの実態を分析した研究（海津、二〇〇〇）に基づき、つまずきの類型ごとに、学びの支援策を理論的に検討した。

どのような壁があっても、すべての子どもの学びを保障するには、この章で論じるような地道な実践を理論に基づいて続けていく必要がある。

# 1節 学びの遅れがちな子の類型を捉える

ひとくちに「学びの遅れがちな子」といっても、遅れの程度も徴候も多様である。そこでさまざまな徴候を数値化して分析し、その類型をあらかじめ把握しておく必要がある。

北尾ら（一九九二）は小学校の学級担任に依頼し、著しい遅れのある子ども二人について、「根気強く勉強に集中していますか」などの質問に評定してもらった。その評定値について因子分析を行い、よく似た傾向を示す子どもをまとめて四つの類型に分けた。その結果、自己制御型八三人、動作型八五人、認知型六三人、情緒型五〇人、分類不可能七〇人となった。

他方、子どもたちにも、自分の学びを振り返って評定してもらった。その内容は自己効力（「一人では何もできない」など）、学習の仕方（「いつも計画どおりに勉強しようとしている」など）、達成動機（「勉強は少しずつわかるので楽しいと思う」など）であり、それぞれについて五段階評定を求めた。また原因帰属については「もしあなたが字が上手であるとほめられたとき、なぜだと思いますか」と問い、「手先が器用だから」（能力帰属）と「何回も練習したから」（努力帰属）のいずれかを選ばせて得点化した。

このような教師への質問と子どもの自己評定がどのように関連しているかを明らかにし

表1　遅れがちな子の類型ごとの特徴と動機づけ・学習の仕方との相関（北尾ら，1992より作成）

| 類型 | 評定項目（因子負荷量） | 自己効力 | 学習の仕方 | 達成動機 | 努力帰属 | 能力帰属 |
|---|---|---|---|---|---|---|
| 自己制御型 | 根気強く集中する（.773）<br>忍耐力が身につく（.742）<br>学習習慣がつく（.710）<br>計画的に勉強する（.704） | .391** | .397** | .484** | .306** | .229* |
| 動作型 | 動作が機敏（.883）<br>協応運動（.869）<br>グループの運動（.856）<br>ぎこちない動作（.788） | .401** | .363** | .478** | .212* | .068 |
| 認知型 | 筋道立てて考える（.797）<br>文字・記号の見分け（.749）<br>分析的な考え方（.730）<br>立体図形の理解（.703） | .384** | .194 | .290** | .025 | .107 |
| 情緒型 | 神経質な行動（.743）<br>1つのことにこだわる（.729）<br>激しい感情の変化（.666）<br>気持ちの起伏（.664） | .149 | .083 | .252* | .088 | .068 |

** $p<0.1$　* $p<0.5$

ようと考えた。そこで両者の相関関係を調べるため、それぞれのデータを比較可能な数値に変換してから相関係数を求めた。その結果が表1に示されている。縦軸の自己制御型、動作型、認知型、情緒型は、教師への質問によって明らかになった遅れがちな子の類型（タイプ）である。横軸の自己効力、学習の仕方、達成動機、努力帰属、能力帰属は子どもの自己評定で明らかになった心理的特徴である。

それぞれの類型の子どもがどのような心理的特徴と関係が深いかが、この表1の相関係数から明らかになる。自己制御型と動作型の子どもは、ほとんどすべての心理的特徴と正の相関を示していた。認知型の子どもは、自己効力（自信）や達成動機（やる気）の心理的特徴と正の相関があった。しかし情緒型の子どもは、ほとんどの心理的特徴と相関がなかった。

そこでまず第一に、自己制御型、動作型、認知型の多くの子どもが自己効力・達成動機の影響を受けることが判明したので、2節において動機づけ論からの支援策を説明することにした。第二に、自己制御型と動作型の子どもは学習の仕方の影響を受けていることが明らかになったので、4節において学び方の支援策を論じることにした。第三に、情緒型の子どもには大きな関連性が認められなかったので、5節においてこの型特有の注意や行動面に関する特徴を説明し、理解を深める必要性を論じることにした。

## 2節　自律性と関連性から学びを動機づける深め方

長沼（二〇〇四）には、コンネルら（　九九一）の案を改良して、図1のような認知的動機づけの構造図が示されている。この図から、遅れがちな子の支援に役立つヒントを読み取ってみよう。

第一のヒントは、楕円形で囲まれた「有能さ」がどのようにして身につくかという点である。図1には「有能さ」が「方略の認知」や「能力の信念」とつながっていることが示

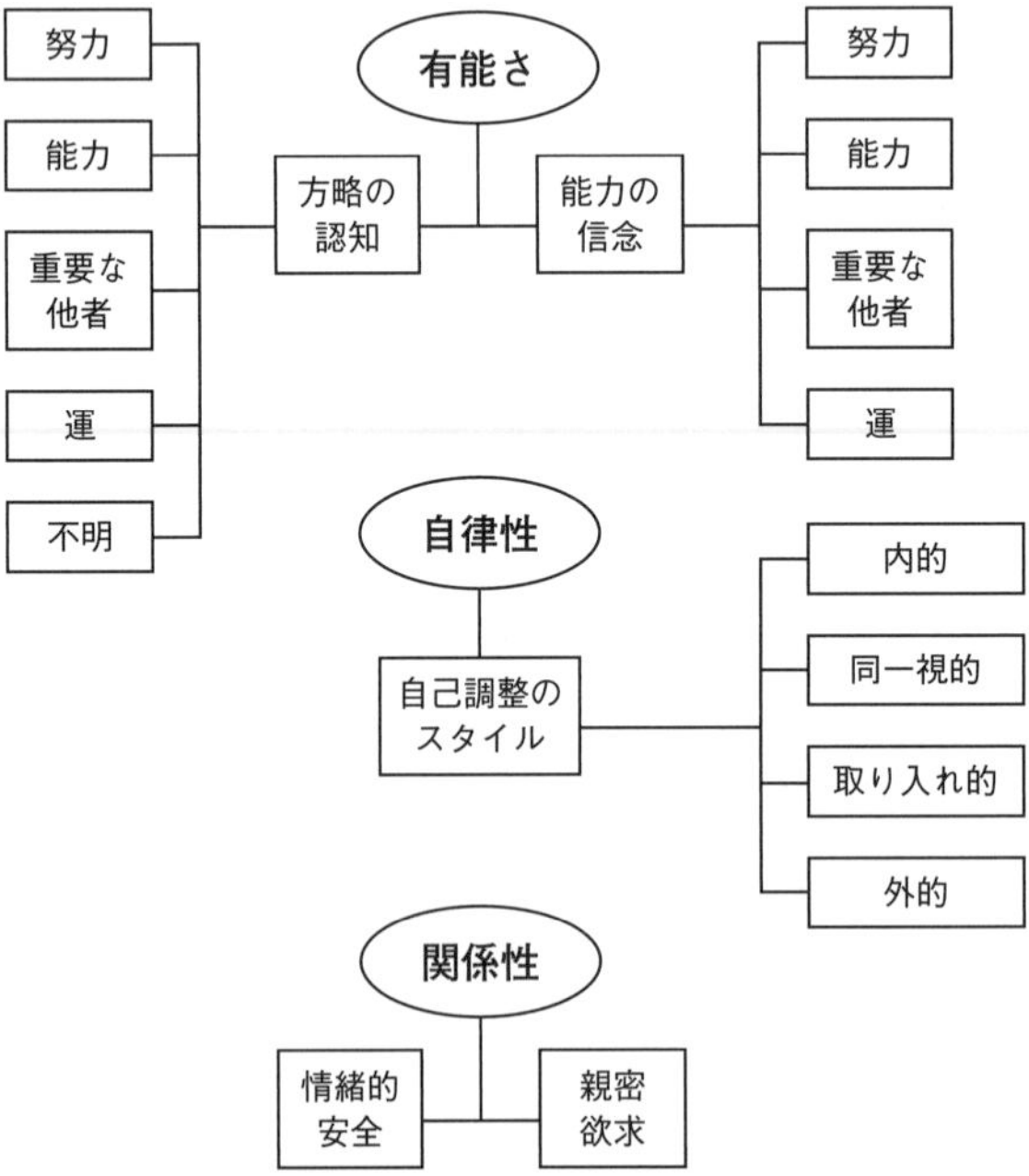


**図1　自己システムのプロセス（Connell & Wellborn, 1991より改訂）**

されている。このようなつながりによって学びへの動機づけが高まるのであるから、学びの方略や得意とする能力の利用を手助けする支援が有効である。また、「能力の信念」を高めるために教師や親からの承認の言葉による励ましが役立つ。

　第二のヒントは、楕円で囲まれた「有能さ」と「自律性」のつながりに関する点である。1節で取り上げた努力帰属のように、学びの成果は自分の努力によるものであると考えるようになると、学びの計画や目標を自ら決定したいという願望が強くなる。「自立性」から「自律性」への移行である。そして、学びのセルフコントロールへの欲望が強くなり、その自律性への欲求が有能感を支える段階へと発展する。これは自己認識の発展過程でもあり、遅れがちな子どもの支援はその発展過程を見定めて考え直す必要がある。自律への欲求が芽生えているならば、教師も親も一方的に押しつけるのではなく、子どもの自信を受けとめながら助言する必要がある。

第三のヒントは、最下段の楕円形で囲まれた「関係性」と「自律性」のつながりに関する点である。自律性の支援は、自分の選択・決定が教師や親から認められると、その人間的関係性によって、自分に対する価値観も一段上へと高められることになる。世の中で認められる判断力のもち主になったという自負の念による。遅れがちな子どもの支援でも、そのような自己価値観を育てることを重視してほしい。承認やほめ言葉だけでなく、社会的情報も組み込んだ談話が、子どもの目を開かせる端緒になることもある。遅れがちな子には将来の生き方についての展望を抱かせ、劣等感からの脱却を図る必要がある。

このような認知的動機づけ論は遅れがちな子どもだけでなくすべての子どもにあてはまる論である。しかし、遅れがちな子の場合は自らの悩みや不安を他者にうまく伝えることができないため、学びの遅れがどんどん深い淵に落ち込むことが多い。友達や教師の接し方が問題になるが、遅れがちな子の内面を推察する共感的な接し方を続けてほしい。遅れがちな子と仲よしになった小学五年の女児を教室で観察したことがあるが、どのような問いかけにも真正面から受けとめ、わかるように表現を変えながら答えていた。その女児の共感的な姿勢と話し方は教師、親、友達にも共有してほしい接し方である。

## 3節　LD児の学びのつまずきを分析する

海津（二〇〇〇）は、小学校一年生から六年生のLD児に、学びのつまずきに関する調査を行っている。調査対象は、医療機関や教育機関でLD（学習障害）と判定された子ども八七名である。調査のチェックリストの作成は、参考資料に基づき、学級担任教師と通級担当教師による検討を経て進められた。

教科は国語と算数であり、学習指導要領に示された「聞く」「話す」「読む」「書く」「数と計算」「量と測定」「図形」「数量関係」について大問と小問が用意された。つまずきをおおまかに問う大問のあとに、より詳しく問う小問が配置され、つまずきが詳細に捉えられている。LD児にはどのようなつまずきが多いかを明らかにするだけでなく、学年間のつまずきの変動も視野に入れてデータを処理している。

海津は、つまずきの逐年的変動を八つの類型に分けているが、そのなかの「残留型」に属するE型とF型について支援策を考えてみたい。残留型のLD児については、つまずきが上学年に進んでも解消しない傾向が指摘されている。

E型では、「正確な語彙の使用」「文字を書く」「作文」などの基礎的技能でのつまずきが上学年においても残っている点で注目する必要がある。これらは4節で説明する精緻化論に基づいて支援策を提案することにした。

他方、F型には、「意味理解」「話し言葉での文法」「会話（文）でのやりとり」「量の比較・測定」「図形の理解、構成」という複雑な認知的処理を必要とするつまずきが、上学年でも残っていると考えられ、重視する必要がある。たんに反復練習すれば改善するようなつまずきではないので、4節で述べるスキーマ（知識構造）論から支援策を考え直してみることにした。学びの認知的な仕組みから、なぜつまずくのかを捉えてみると、支援の原理原則が明らかになるであろう。

## 4節 認知理論によるつまずきの原因に応じた学びの深め方

### （1）精緻化論から考える

豊田（一九九五）には偶発記憶の研究が数多く報告されている。例えば、自分の過去の出来事を思い出して単語を読むと、あとで偶発的に想起しやすくなることなどが実証され

3枚目　2枚目　1枚目

図2　絵カードの例（島田，2022）

ている。このような認知のメカニズムは精緻化と呼ばれ、その後の研究によっていろいろなタイプの精緻化が実験的に確認されるようになった。

　右に例示したような精緻化は「言葉の意味づけを豊かにする」という基礎的な精緻化である。それをベースにして生起する「知識を関連づける」という精緻化とともに、言語に関する基礎的技能を育てる学びを解明する認知理論として重視されている。

　島田（二〇〇二）は小学校二年生のＬＤ児に、図2のような絵カードを提示し、対話を重ねながら学びの支援を進めている。そこでは初めに一枚目と二枚目のカードを見せ、二つの場面を関連づけて説明するように促す。子どもが「〇〇君は自転車に乗っていたけれど、丸太にぶつかった」と説明できると、関連づけの第一歩が進んだことになる。そこで三枚目のカードを見せて、長い言葉によって関連づけができるように導く。このようにして話し言葉理解のつまずきを乗り越えさせる支援に成功している。

前出の海津（二〇〇〇）の「正確な語彙の使用」「文字を書く」「作文」のつまずきについて精緻化理論から考えると、これらは「言葉の意味づけを豊かにする」「知識を関連づける」という精緻化が十分に学びとられていないことが原因であるといえる。図2は精緻化を支援する具体策の一例だが、LD児が興味をもって取り組むことができる課題を工夫して試みてほしい。

### （2）スキーマ（知識構造）論から考える

林（二〇一五）は学習支援のあり方を論じ、重要なポイントを四つ取り上げている。それらは北尾（二〇二〇）のなかで説明しているが、ここではスキーマ（知識構造）論に関するポイントに絞って詳しく説明することにした。教科の知識を理解し活用するためには、子どもの頭の中で「選択」「体制化」「統合」という認知的処理が進む必要があり、そのいずれかに壁があると学びがむずかしくなると論じている。

「選択」という処理段階については、教科特有の知識構造から考えて処理に必要な情報を正しく選択できない子どもは学びから脱落する。例えば、国語の物語における主人公の心情を理解するためには、それに関連する主要な登場人物や場面だけを選択する必要がある。算数の「量の比較・測定」に関する問題では、文章や図で表された情報から必要なものだけを選択する必要がある。

「体制化」という処理段階については、選択された情報を互いに結びつけ、構造化を図る必要がある。例えば理科の教材文では、概括、列挙、筋道、分類、比較・対象といった文章構造が用いられている。日常使い慣れている文章とは違う仕組みで書かれているので何回読んでも頭に入らないのである。科学的思考の論理を具体的に学ぶ必要があり、その構造を事前に教えられていない子どもはこの段階でつまずくであろう。

「統合」という処理段階については、学習教材をなじみのある現実的文脈に組み込んで学ばせる必要がある。初歩の算数で「お店ごっこ」を利用することも統合の支援策である。前述の絵カードも、過去の経験知との統合を促しているともいえる。

海津（二〇〇〇）における「量の比較・測定」「図形の理解・構成」でのつまずきが「体制化」という処理段階に関連しているならば、算数という教科特有の仕組みを根気よく説明して理解させ、深めなければ乗り越えることができない。またそのようなつまずきが「統合」という処理段階に関連しているならば、日常生活で出会う課題状況を模擬的に設定して学ばせ、自分の経験と算数の考え方を結びつけるように導く必要がある。このように教科特有の考え方（知識構造）のどこに欠陥があるのかを見分けて、それを乗り越える具体策を根気よく指導するという指導計画を立案してほしい。

## 5節 注意・行動に問題のある子の特徴を正しく理解する

上野（一九八四）は、注意と行動に問題のある子どもを五つに類別しているが、ここでは心的過程が共通する型をまとめて四つの類型に再分類し、次に解説する。

**①活動水準の問題：多動性と寡動性**

絶え間なく動き、突然行動し、話しかける。外をのぞき、ウロウロ歩き回る。イライラし、カッとなることもある。これらは多動児と呼ばれる子どもの特徴である。また、動作が鈍く、無気力な印象を与え、生活全般で意欲をみせない寡動児（動きの少ない子ども）もいる。どちらも時と場を心得た適切なレベルの活動ができない子どもであり、活動のレベルの調整が不得手であることを理解して接する必要がある。

**②注意の問題：転導性と保続性**

集中すべき場面で、何か音がすると振り向いたり駆け寄ったりする子どもがいる。このような気が散りやすい特徴を転導性という。また、一つの動作や順序にいつまでもこだわり、柔軟に対処できない特徴を保続性という。前者は選択的注意（必要な対象だけを選ぶ注意）の欠如であり、後者は維持的注意（一つの対象だけに向けつづける持続的な注意）

の過剰であるといえる。どちらも場に応じた注意のコントロールが不得手な子どもであり、場の設定や周囲の人たちの対応の仕方を誤らないように心がけてほしい。

### ③運動性技能の問題：不器用

スキップや縄跳びなど身体全体を協応させる運動や、ボタンかけ、ひも結び、はさみの使用などの手足の協応が不器用な子どもである。いずれも身体運動の自己調整が不得手な子どもであり、運動や協応動作ができなくても奇異に思わず、手助けしてほしい。

### ④情緒の問題：情緒的不安定と衝動性

わずかな刺激にも敏感で動揺する子、気分の変化が激しく不安定な子、急にカッとなって怒りだす子などは、情緒のコントロールの未成熟が共通した原因になっている子どもである。情緒の成熟は一挙に進むものではないので長い目であたたかく対応して安定化を促す必要がある。

この章の1節で取り上げた動作型や情緒型の子どものなかには、これら四つの特徴をもつ子が含まれている。それぞれの特徴に注目して子ども理解を深めると同時に、その特徴から派生している問題も含めて対応する必要がある。周囲の目や扱い方から発生する問題行動には十分に注意して配慮する。

また、このような類型的把握にとどまらず、つまずきや問題行動の発生するプロセスを理論的に解明し、それを実践知に生かす必要がある。本書のほかの章からも、それぞれの類型の認知メカニズムに光を当てそうな理論を取り上げて考究を続けると、支援のヒントを見つけることが可能である。そのような実践知の蓄積に期待したい。

**引用文献**

・北尾倫彦・岡本真彦・西出幸代・岩下美穂はか「学習困難児の類型化に関する予備的研究」『大阪教育大学紀要』四一巻 一九九二年
・長沼君主「自律性と関係性からみた内発的動機づけ研究」上淵寿（編著）『動機づけ研究の最前線』北大路書房 二〇〇四年
・Connell, J.P. & Wellborn, J.G. Competence, autonomy and relatedness. In Gunnar, M. & Sroufe, A. (Eds.) *Minnesota symposium on child psychology*. University of Chicago Press. 1991
・海津亜希子「ＬＤ児の学力のつまずきの学年推移に伴う変化の分類体系ついて」『学校教育研究論集』三巻 二〇〇〇年
・豊田弘司『記憶を促す精緻化に関する研究』風間書房 一九九五年
・島田恭仁「能力的な障害と学習不適応」北尾倫彦（編著）『学習不適応の心理と指導』開隆堂出版 二〇〇二年
・林龍平「エビデンスに基づく学習支援を考えるための四つの視点」『日本学校心理士会年報』八巻 二〇一五年
・北尾倫彦『「深い学び」の科学』図書文化 二〇二〇年
・上野一彦『教室のなかの学習障害』有斐閣 一九八四年

# あとがき

新型コロナ感染症拡大の影響による二〇二〇年春からの学校閉鎖では、世界中の約八〇%の子どもたちが影響を受け、それまで日常であった学校へ通うことができなくなった。数か月にわたって学校閉鎖が続いた国があるなかで、わが国では比較的早い時期に学校が再開され、子どもたちが学校に集い、話し合いながら学ぶ環境が維持されたことは子どもたちの成長にとって非常に大きな意味があったと思われる。

脳・神経科学の進展は、子どもの学びが、脳の神経や働きに依存することを明らかにしている。その一方で、子どもの学びが周りの他者とのコミュニーションや相互作用のなかで起きていて、他者との協働的な学びが重要であることも指摘されている。このような「一人で学ぶ」から「みんなで学ぶ」ことへの学びの理論の転換は、学習指導要領の「主体的・対話的で深い学び」という用語にも表れている。加えて、ICT端末を利用した教育、インクルーシブな特別支援、外国にルーツをもつ子どもへの教育など、教育の世界にはさまざまな新しい波が押し寄せ、日本の学校教育は変革の時代に突入しつつある。

本書では、認知心理学の知見に基づいて「深い学び」についての理論を紹介し、それに基づいて「学びを深化させるための教え方」についてまとめた。しかし、教科書的な理論を直接実践につなぐという構成では、先生方にはわかりづらいと考え、まず授業で生かせる指導の方策について解説し、その後、背景となる理論を紹介するという流れで本書を再構成した。具体的には、新しい学習指導要領で重視される「深い学び」「対話的な学び」「個別最適な学び」といった学びのトピックスと、「意欲を高める指導」「道徳的感情を育てる」といった主体的に学ぶ態度のトピックスを中心的に解説している。そして、その基礎となる「ワーキングメモリ」「メタ認知」といった理論的解説を加えた。読者のみなさんが指導の方策を現場で生かすと同時に、その背景にある理論を学ぶことによって、本書が新しい時代の教育の羅針盤となってほしいというのが著者らの願いである。

岡本　真彦

〔著者紹介〕

■**北尾倫彦**（きたお・のりひこ）　1・2・3・7（1・2節）・9章執筆

東京教育大学（現筑波大学）心理学科卒業。文学博士（京都大学）。大阪教育大学教授、京都女子大学教授を経て、大阪教育大学名誉教授。

**《おもな研究》**

「児童の言語記憶におよぼす文章化経験の効果について」『教育心理学研究』一三巻　一九六五年

「記憶の媒介機構」『心理学モノグラフ8』東京大学出版会　一九六九年

「記憶の分散効果に関する研究の展望」『心理学評論』四五巻　二〇〇二年

「参画型学習の動機づけと学校学習への示唆」『教育学・心理学論叢』二〇〇一年

「方略論と認知的動機づけ論からみた学習困難の諸相」『教育学・心理学論叢』二〇〇六年

『授業改革と学力評価』図書文化　二〇〇八年

『「本物の学力」を伸ばす授業の創造』図書文化　二〇一一年

『「深い学び」の科学』図書文化　二〇二〇年

■**岡本真彦**（おかもと・まさひこ）　4・5・7（3節）章執筆

大阪教育大学大学院修士課程修了、広島大学大学院博士課程後期退学。博士（心理学）。
大阪府立大学教授を経て、大阪公立大学教授。

**《おもな研究》**

「算数文章題の解決におけるメタ認知の検討」『教育心理学研究』四〇巻　一九九二年

The role of metacognitive knowledge and aptitude in arithmetic problem solving. (With N. Kitao) *Psychologia*, 35, 1992

『教育の方法：心理をいかした指導のポイント』（共・井上智義ら）樹村房　二〇〇七年

「熟達化とメタ認知」丸野俊一（編）『現代のエスプリ』至文堂　二〇〇八年

「教科学習におけるメタ認知」『教育心理学年報』五一巻　二〇一二年

「教科学習」日本児童研究所（監）『児童心理学の進歩』金子書房　二〇一六年

A Practical Study of a Design of University Mathematics Courses for the Humanities and Social Sciences Students. (With M. Kawazoe), *Proceedings of CERME10*, 2017

■北村瑞穂（きたむら・みずほ）　8章執筆
京都女子大学大学院博士前期課程修了、博士後期課程退学。博士（教育学）。四條畷学園短期大学准教授を経て、大阪樟蔭女子大学教授。

《おもな研究》

「中心・偶発学習課題における分散効果と選択的注意」（共・北尾倫彦）『基礎心理学研究』一九巻　二〇〇一年
「記憶における負の情緒刺激の効果に関する検討」『基礎心理学研究』二二巻　二〇〇四年
「情緒語の新奇性が選択的注意におよぼす効果」『感情心理学研究』一三巻　二〇〇六年
「中心・偶発学習における分散効果と選択的注意：意味的手がかりを用いた実験的検討」『基礎心理学研究』二三巻　二〇〇五年
「親切と感謝の行動が幸福感に及ぼす影響」『四條畷学園短期大学紀要』四五巻　二〇一二年
「児童における対人的感謝と向社会的行動の関係」『大阪樟蔭女子大学研究紀要』八巻　二〇一八年
「子どもの感情発達の支援」『大阪樟蔭女子大学研究紀要』一三巻　二〇二三年

**■森兼隆**（もり・かねたか）　6章執筆

大阪教育大学大学院修士課程修了、大阪府立大学大学院博士後期課程退学。博士（人間科学）。大阪大学大学院寄附講座助教を経て、大阪教育大学専任講師。

**《おもな研究》**

「語の多義性とその解消を手がかりとした意味飽和効果の検討」（共・林龍平）『人間環境学研究』一〇巻　二〇一二年

「スキーマプライミングテストを用いたスキーマの形成と縦断的評価」（共・瀬田和久ら）『電子情報通信学会論文誌D』二〇一五年

The Role of the Updating Function in Solving Arithmetic Word Problems. (With M. Okamoto), *Journal of Educational Psychology*, 0 109 (2), 2017

Problem format and updating function domains in solving of area problems. (With M. Okamoto), *Learning and Individual Differences*, 63, 2018

〈クレイス叢書〉04
# 「深い学び」と教え方の科学

2024年7月20日　初版第1刷発行

著　　者　北尾倫彦・岡本真彦・北村瑞穂・森兼隆
発 行 人　則岡秀卓
発 行 所　株式会社 図書文化社
〒112-0012　東京都文京区大塚1-4-15
TEL 03-3943-2511　FAX 03-3943-2519
https://www.toshobunka.co.jp/
装　　丁　中濱健治
印　　刷　株式会社 Sun Fuerza
製　　本　株式会社 村上製本所


ISBN 978-4-8100-4785-1　C3337